人生百年，比之于梦，犹觉百年更虚于梦也。

经典3.0
ClassicsNow.net

帝国末日的山水画

老残游记

The Travels of Lao Ts'an

刘鹗 原著
李欧梵 导读
谢祖华 故事绘图

文化艺术出版社
Culture and Art Publishing House

他们这么说这本书

What They Say

插画：罗乔绫

**叙景状物
时有可观**

鲁迅

1881—1936

作家鲁迅认为《老残游记》中所表现的艺术成就，特别是在语言运用上有其独特的地方。在《中国小说史略》一书中，他称赞此书“叙景状物，时有可观”，并且将《老残游记》评为晚清四大谴责小说之一。

**有一段甚至可以
媲美《琵琶行》
《秋声赋》及
《赤壁赋》**

胡适

1891—1962

胡适最赞赏《老残游记》中描写的功夫，像在《明湖居听书》一节中将抽象的音乐，做具体化的描述，甚至可以媲美《琵琶行》《秋声赋》及《赤壁赋》。他说：“这一段写唱书的音韵是很大胆的尝试。音乐只能听，不容易用文字写出，所以不能不用许多具体的物事来作譬喻。白居易、欧阳修、苏轼都用过这个法子。”

**古老中国文明
在其衰落之前的
最后一篇
伟大的赞歌**

普实克 Jaroslav Prusek

1906—1980

捷克著名的汉学家普实克曾翻译过《老残游记》，对其在东欧地区的传播有很大的贡献。在其序言《刘鹗及其小说老残游记》中，他写到：“这本书是古老的中国文明在其衰落之前的最后一篇伟大的赞歌。”

夏志清

1921—

文学史家夏志清认为《老残游记》不同于中国古典小说里，对主角的主观心境不加以描写。他说：“这游记对布局或多或少是漫不经心的，又钟意貌属枝节或有始无终的事情，使它大类于现代的抒情小说，而不似任何型态的传统中国小说。”

大类于现代的抒情小说而不似任何型态的传统中国小说

李欧梵

1939—

这本书的导读者李欧梵，现任香港中文大学文化及宗教研究系人文学科教授。他说道：“我觉得胡适先生对于《老残游记》这本小说的评价非常对，他的一个论点是，中国传统小说里面，写景写得这么细致的，写得这么有抒情味道的，这是第一本。”

写景写得这么细致的写得这么有抒情味道的这是第一本

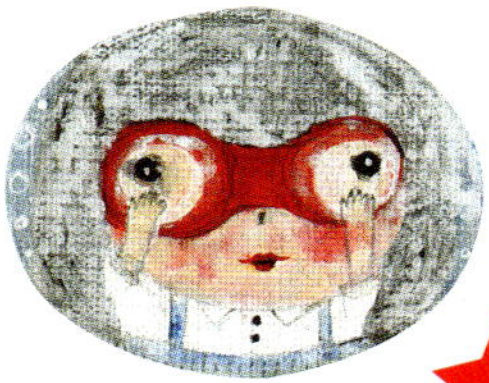

你

?

在二十一世纪此刻的你，读了这本书又有什么话要说呢？请到ClassicsNow.net上发表你的读后感想，并参与我们的“梦想成功”计划。

你要说些什么？

书中的一些人物
Book Characters

插画：罗乔绫

《老残游记》的主角，姓铁名英号补残，书里直接称呼为“老残”。这部作品就是透过他行走江湖帮人治病的所见所闻所写成的游记。一般认为他也是作者刘鹗的化身。

老残

王小玉，也称之为白妞。《老残游记》里头擅长唱梨花大鼓的姐妹中的姐姐。刘鹗对她的描写极为精彩。他形容白妞的眼睛如同“白水银里头养着两丸黑水银”，描写她唱书时“五脏六腑里，像熨斗熨过，无一处不伏贴。三万六千个毛孔，像吃了人参果，无一个毛孔不畅快”，堪称是中国文学中形容声音的经典描述。据说白妞黑妞的原型是当时山东一带唱梨花大鼓的名角刘小玉姐妹。

白妞

白妞的妹妹，她转腔换调已经让人叹为观止，但比起白妞还远远比不上。老残形容她们的差别：“她的好处人说得出，白妞的好处人说不出；她的好处人学的到，白妞的好处人学不到。”

黑妞

申子平

奉命到山里请大侠刘仁甫出山，在山上偶遇玙姑与黄龙子，颇有进入神仙洞府的境遇，除了和他们讨论儒、佛、道之外，也聆听他们对“北拳南革”等天下局势的推测。在这里申子平代替老残成为另外一个叙事者。

黄龙子

玙姑

申子平在山里遇到黄龙子，黄龙子主要是从儒释道三教合一的泰州学派的立场，去看晚清当时的乱局。刘鹗有些朋友就是泰州学派，自己可能也受到影响，因此借由黄龙子的言说里，表达了泰州学派的看法。

据说刘鹗有一把琴名曰“云玙”，在《老残游记》里就化身为善于鼓琴而又有见地的玙姑。一出场她就说明了儒道释的同异，也表达了对当时学宋儒者的鄙夷。

这本书的历史背景

Time Line

中国地区大事

1757 乾隆二十二年，清廷封闭其他海关，只保留广州一地与外国通商

1796 白莲教起事

1839 林则徐在广东销毁鸦片，英舰与广东水师在穿鼻洋发生冲突

1840 道光二十年 鸦片战争爆发

1842 中英签订《南京条约》，割让香港

1851 洪秀全在金田村起兵。鸦片战争后，农民生活困苦，不但清政府的税收加重、外国的工业产品也冲击传统产业。于是洪秀全趁势而起，领导农民起兵，建立太平天国

1856 第一次英法联军入侵，签订《天津条约》

1800

中国以外地区大事

1769 瓦特改良蒸汽机，工业革命开始

1776 北美大陆议会发布《独立宣言》

1789 法国大革命爆发

1806 神圣罗马帝国灭亡

1815 拿破仑在滑铁卢之役中惨败，被放逐到圣赫勒拿岛

1854 日本开放海禁

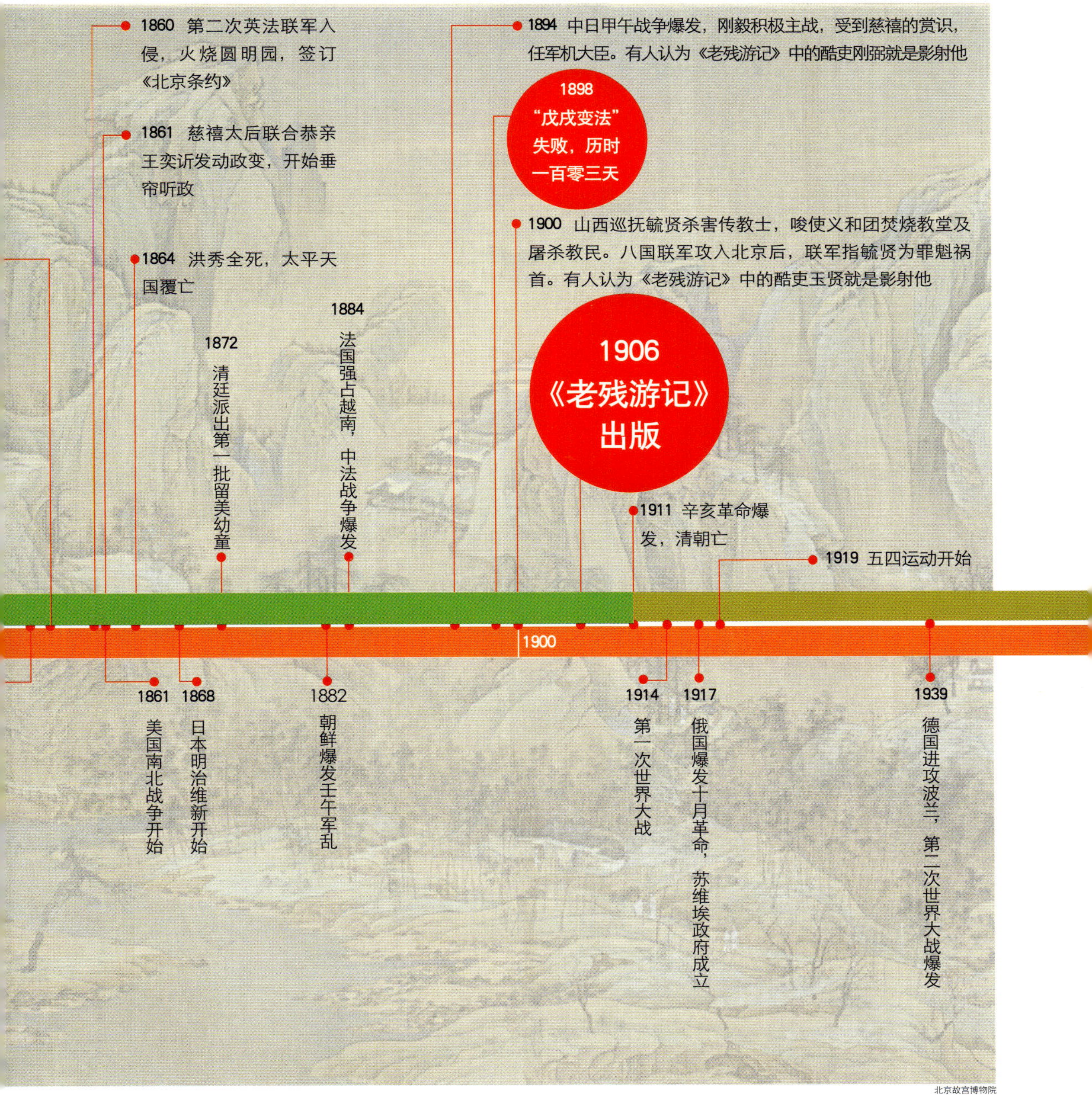
1860 第二次英法联军入侵，火烧圆明园，签订《北京条约》
1861 慈禧太后联合恭亲王奕䜣发动政变，开始垂帘听政
1864 洪秀全死，太平天国覆亡
1872 清廷派出第一批留美幼童
1884 法国强占越南，中法战争爆发
1894 中日甲午战争爆发，刚毅积极主战，受到慈禧的赏识，任军机大臣。有人认为《老残游记》中的酷吏刚弼就是影射他
1898 “戊戌变法”失败，历时一百零三天
1900 山西巡抚毓贤杀害传教士，唆使义和团焚烧教堂及屠杀教民。八国联军攻入北京后，联军指毓贤为罪魁祸首。有人认为《老残游记》中的酷吏玉贤就是影射他
1906 《老残游记》出版
1911 辛亥革命爆发，清朝亡
1919 五四运动开始
1900
1861 美国南北战争开始
1868 日本明治维新开始
1882 朝鲜爆发壬午军乱
1914 第一次世界大战
1917 俄国爆发十月革命，苏维埃政府成立
1939 德国进攻波兰，第二次世界大战爆发

北京故宫博物院

这位作者的事情

About the Author

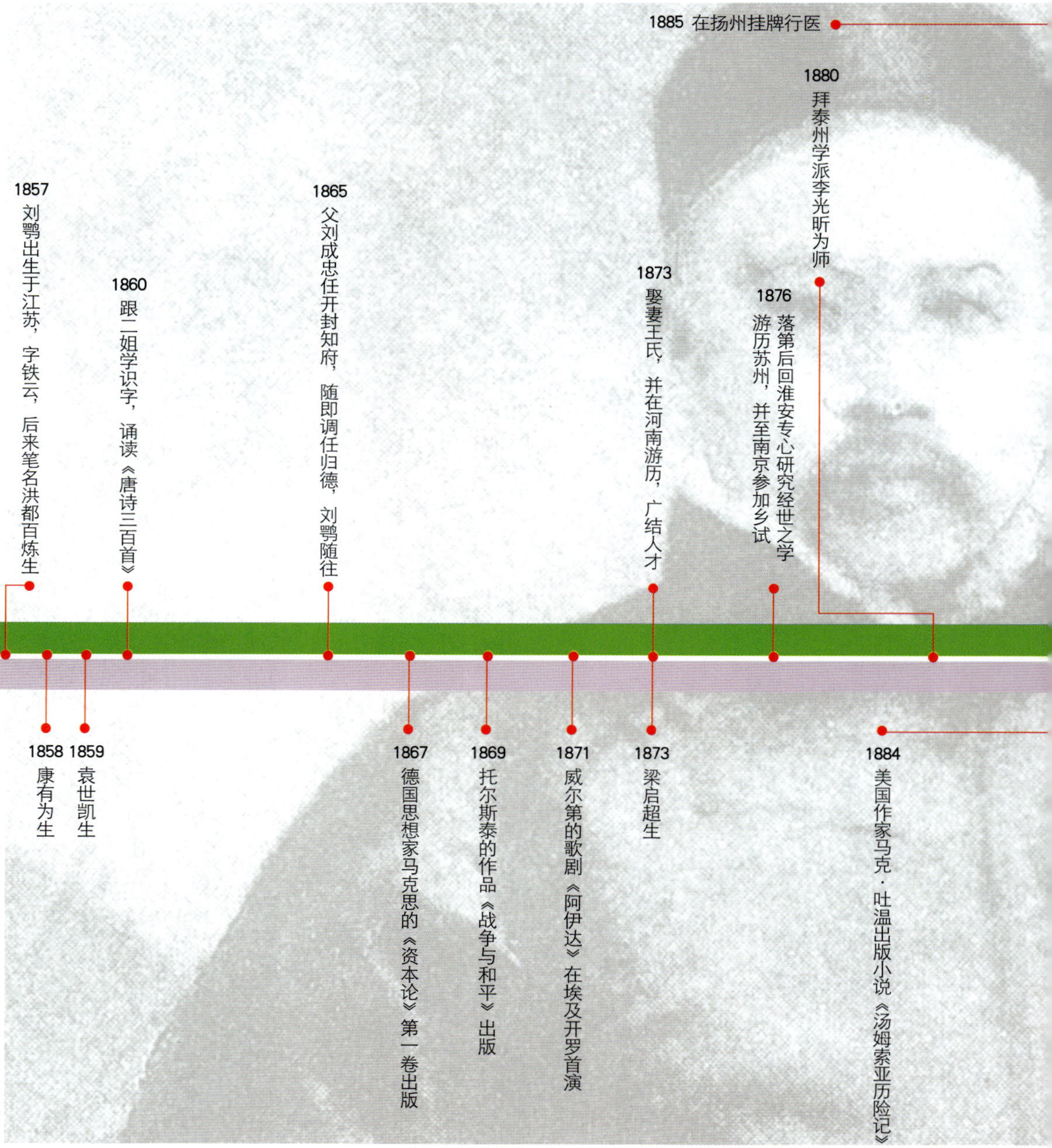

作者的事情

- 1857 刘鹗出生于江苏，字铁云，后来笔名洪都百炼生
- 1860 跟二姐学识字，诵读《唐诗三百首》
- 1865 父刘成忠任开封知府，随即调任归德，刘鹗随往
- 1873 娶妻王氏，并在河南游历，广结人才
- 1876 落第后回淮安专心研究经世之学 游历苏州，并至南京参加乡试
- 1880 拜泰州学派李光昕为师
- 1885 在扬州挂牌行医

当时其他人的事情

- 1858 康有为生
- 1859 袁世凯生
- 1867 德国思想家马克思的《资本论》第一卷出版
- 1869 托尔斯泰的作品《战争与和平》出版
- 1871 威尔第的歌剧《阿伊达》在埃及开罗首演
- 1873 梁启超生
- 1884 美国作家马克·吐温出版小说《汤姆索亚历险记》

1887 在上海开设石昌书局，开中国石印之风

1898 黄河在河南决堤成灾，次年刘鹗前去治河，“短衣匹马，与徒役杂作”，把河堤重新和龙，因而受到赏识。到1890年，为山东巡抚张曜借调去山东。刘鹗对治河最自信。著有《历代黄河变迁图考》《治河七说》等书

1896 上书请筑津镇铁路与梁启超等人相交

1890 完成《豫、直、鲁三省黄河图》，并著有《历代黄河变迁图考》《治河七说》等书

1900 八国联军攻陷北京，刘鹗以向俄军贱价买米，转卖北京居民，赈北京饥困，被指控“擅散太仓粟”

1899 殷墟龟板甲骨出土。刘鹗是最早相信其价值的人。四年后，1903年他的研究成果《铁云藏龟》出版，开甲骨研究之先

1903 为义助连梦青，赠《老残游记》书稿。连梦青先交商务印书馆在《绣像小说》上连载，但因商务改动文字，而停止连载，于1907年改由天津《日日新闻》连载

1905 取得浦口购地执照。但是很快就成为袁世凯指其为外人购地，两大缉捕罪名之一。1908年被捕，流放新疆。次年中风死于迪化

1906 去日本，返国时途经朝鲜，筹设监运会社事

清

1900

1887 《血字的研究》，福尔摩斯首次登场
英国小说家柯南·道尔发表侦探小说

1890 毓贤任山东曹州知府

1894 与中会成立

1901 毓贤充军兰州，被处死

1903 《苏报》案发生，章太炎、邹容被捕

1905 清代作家曾朴的小说《孽海花》出版

1906 清代作家李伯元的小说《官场现形记》出版

TOP PHOTO

这本书要你去旅行的地方

Travel Guide

乌鲁木齐

TOP PHOTO

● **乌鲁木齐** 1908年刘鹗被流放到乌鲁木齐以后，投宿在大西门的城隍庙，并在那里帮人看病，许多病人慕名而来。

太原

TOP PHOTO

● **水西门** 太原城共有八座城门，东西南北各有两座。因为西南角地势最低，所以每遇水患，振武门一定会淹水，故称为水西门。刘鹗来此议办路矿时，曾登水西门城楼作《登太原西城》诗一首。

淮安

时代图片

● **刘鹗书屋** 刘鹗过去生活和著书的故居，收藏有刘鹗的古琴和衣物。

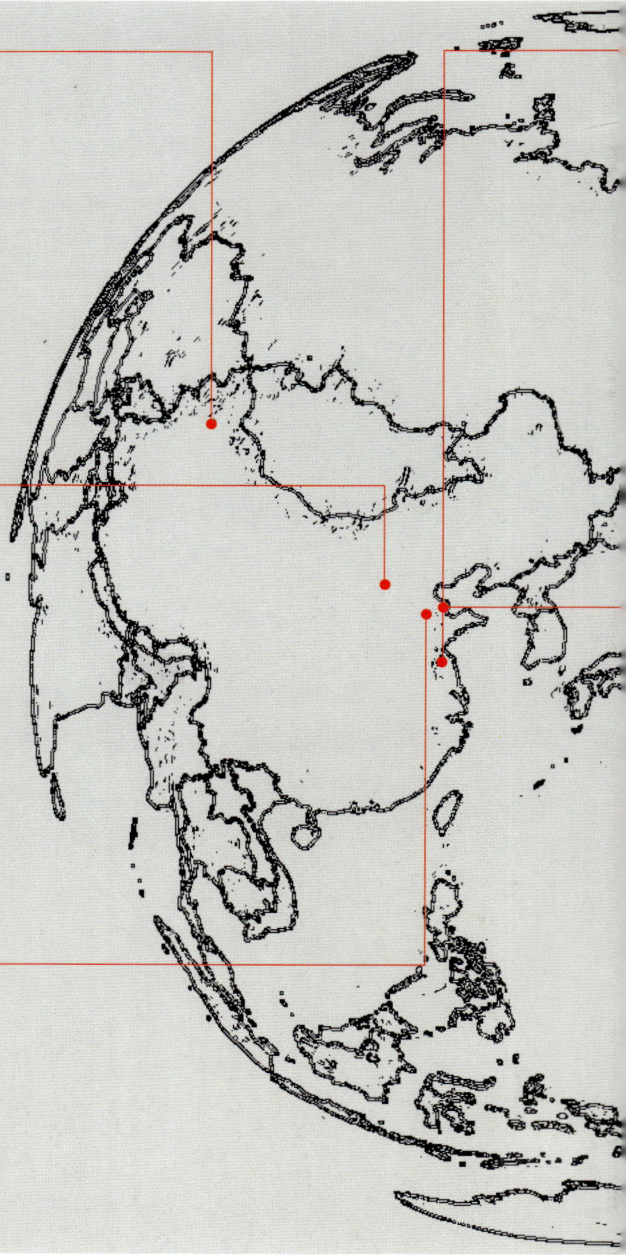

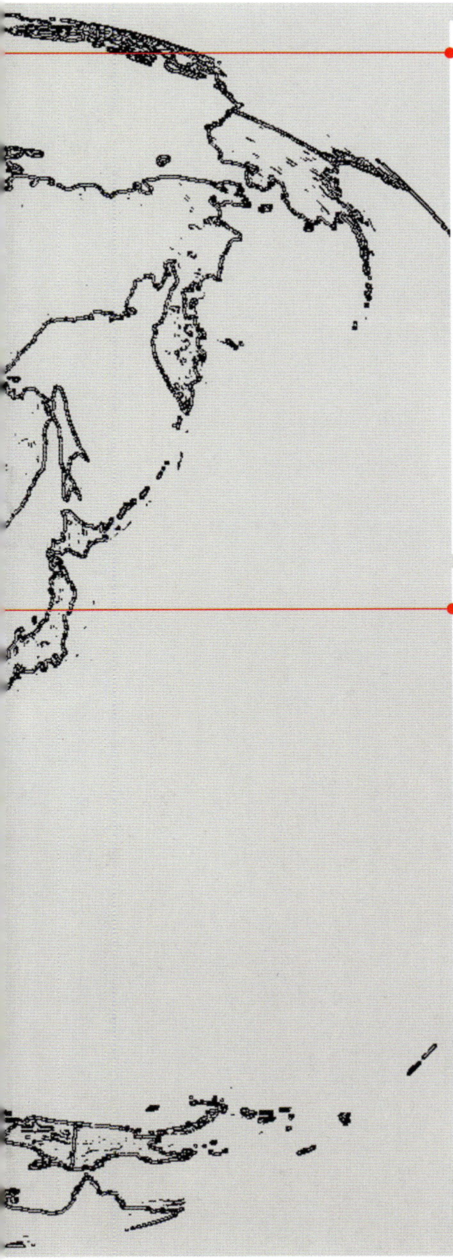

济南

● **大明湖** 济南号称“泉城”，有泉水百余处，其中名泉七十二处，大明湖即由众泉汇流而成的天然湖泊。有“四面荷花三面柳，一城山色半城湖”的美称。

● **明湖居** 明湖居是清末民初大明湖畔一处曲艺场，老残当年就是在此欣赏曲艺艺人黑妞白妞的梨花大鼓。

● **千佛山** 隋朝年间佛教盛行，随山势雕刻了数千尊佛像，故名千佛山。刘鹗曾描写：“千佛山上，梵宇僧楼，与那苍松翠柏，高下相间……”

● **趵突泉** 位居济南七十二名泉之首，被誉为“天下第一泉”。《老残游记》中描绘：“三股大泉，从池底冒出，翻上水面有二三尺高。”

● **黄崖山** 晚清时太谷学派的张积中曾率弟子在此山修行，据说《老残游记》中申子平所造访的桃花山，就是以黄崖山为原型。

黄河

● 发源于青海省巴颜喀拉山脉，是中国第二长河，世界第五长河，最后在山东注入渤海。《老残游记》中对黄河结冰有精彩的描绘。

经典3.0
ClassicsNow.net

目录 帝国末日的山水画 老残游记
Contents

封面绘图：谢祖华

老残看到冬天黄河结冰，两只船怎么被冰块凝住，船上的人用木杵打冰，在雪月交辉之下，老残感受到谢灵运的诗句“北风劲且哀”中的“哀”字，不觉泪下，后来一摸，连眼泪都结成冰了。这种写法，我认为在我所看过的中国传统小说中几乎是没有的。

老残山水画

又想道：“这山不就是我们刚才来的那山吗？这月不就是刚才踏的那月吗？为何来的时候，便那样的阴森惨淡，令人怵魄动心？此刻山月依然，何以令人心旷神怡呢？”就想到王右军说的：“情随境迁，感慨系之矣。”真正不错。

1.0

导读

李欧梵

现任香港中文大学人文学科讲座教授，主要研究领域包括现代文学及文化研究。著有中英文著作《中国现代作家的浪漫一代》《铁屋中的呐喊》《西潮的彼岸》等。

要看导读者的演讲，请到classicsnow.net

刘鹗（1857–1909），字铁云。祖父与父亲都有很高的官位，在家学的熏陶下，自幼博览群书。从少年时候起，就“负奇气，性豪放，不规规于小节。”刘鹗科举之路不顺，屡试不中。虽然他后来凭治河之能，以及善于洽外的眼光和本事，还是被保荐做到知府之位，但还是很快就弃官从商。刘鹗之一生，虽然并不是官场之人，但是在政、商、文化等各界都有丰沛的人脉，尤其因《老残游记》改在天津《日日新闻》之后，在媒体也拥有影响力。只是刘鹗个性豪放，朋友固多，树敌亦多。诸如被他在书中影射的刚毅等多人，都和他有宿怨，最终被袁世凯罗织罪名，缉捕发配新疆。隔年死于迪化，得年五十二岁。

TOP PHOTO

（上图）刘鹗旧照。
（右上图）1907年，刘鹗看准浦口将成为货运要津，邀请亲朋聚资购买多顷土地。等津浦铁路开工，浦口地价暴涨，他人眼红想分一杯羹而不得，就诬告刘鹗为外人购地，成为袁世凯追捕他的罪名之一。这是津浦铁路接轨仪式。
（右下图）刘鹗故居。

大家都知道美国作家马克·吐温对于经典有个定义：经典是什么呢？就是大家都觉得该看，可是大家却都不看的东西，就叫做经典。可是我想，《老残游记》是个例外，因为几乎所有的华人，不管是在台湾、在香港，甚至于在大陆，恐怕在中学时代至少都读过《老残游记》里面的一章——《老残游大明湖》。而且香港也有一位非常有名的剧作家何冀平把它改编成话剧，叫做《梨花梦》，后来改名《还魂香》。因此，关于这部经典，研究的人很多，做解释的人也很多，加上学校里面有老师的教导，所以读者不需要做分外的努力，也不需要自己去找一些数据来研究才看得懂。而且，《老残游记》基本上是用一种比较典雅的白话文写的，所以看起来应该也不难。那我为什么要选这一本看起来并不是那么困难的小说来讲呢？我觉得也许有两个意义，一个意义就是，我很喜欢这本小说，一个人的爱好是很难解释清楚的。另外一个意义，一个历史的意义，就是这本书犹如一幅“帝国末日的文化山水画”。

介绍《老残游记》的文本

任何一个教文学的老师的做法，都是一开始便讲解这个文本。虽然各位对于这本小说已经很熟悉了，可是我还是想用我的方式来讲讲这个文本。这部小说有二十回（我只讲它的初编，不讲二编）。我用的这个版本是在香港很容易买到的（台湾三民书局的版本）。也不过两三百页，很方便，而且有许多批注，所以看起来容易些。仔细看一看，我们就会发现，这二十回里面，其实不是一个很完整的故事，因为《老残游记》——你说它是游记也好，说它是小说也好——不是一个像我们现在阅读的西方现代小说一样，有一个完整的结构。它前面的十章，似乎像游记一样。它包括两个游记，一个是老残自己在山东各地游览，另外就是故事里面另外一个人物——申子平的奇异经历，他登山遇虎，从第八回到第十二回。那么后面呢？刘铁云写这个小说的时候，中间间断了，因为前面十回他是

北京故宫博物院

时代图片

为商务印书馆的《绣像小说》杂志连载而写的。后来发生争执，因为他的朋友把他的稿子送去的时候，那个编者故意篡改他的文字，好像把一个登山"遇虎"改成"遇狐"了，所以他们一气之下就改投了天津的一个报纸。我们这位作者刘鹗（字铁云）又写了一个很精彩的公案故事。所以你也可以说，这里面有侦探的故事，有游览的故事，也有一点哲学，特别是在第九回到第十一回里面，有一点哲学的意味。

一般研究《老残游记》的人，大部分只注重这本小说的政治意义。但到底作者是不是对清末的政治有所影射呢？书里面有一首晦涩的诗，很多学者都在研究这首诗到底有没有影射什么政治事件。可是我个人不是用这种方式，我是把它当作一个有哲学意义的抒情作品来看。

《老残游记》是晚清著作的四大小说之一，在中国的小说史上，清末可谓是一个极其繁荣的时期。主要原因有三，一是由于印刷技术的成熟与新闻事业的发展，使得小说增加了需求。当时在上海及各大商埠中，创办小说杂志、出版小说书籍的大有人在，甚至有人以写作小说为职业。再者，西方文化输入，使得当时的知识分子，渐渐认识了小说的重要性。最后则是由于晚清时期，清廷正遭逢内忧外患的困境当中，外有列强环伺，内则政治腐败，因此批评时事的小说，成为文坛一种鲜明的特色。《老残游记》这本书，就是在这样的社会背景冲击之下所产生的作品。

TOP PHOTO

一部重要的抒情作品

什么叫做抒情作品呢？这就牵涉到我对于抒情的定义和理解。知名学者王德威，写了一篇很重要的文章，叫做《有情的历史》，下面的副标题是“中国文学的抒情传统和现代中国文学”。他的一个基本论点就是，整个的中国的文学史，从《诗经》《楚辞》一直到现代文学，有一个一以贯之的东西，不是史诗型的，而是抒情的东西。就是把个人的一种情感诗意化，达到一种意境，而用这一种意境，来展现每个时代、每个社会、每个时期的感受。但是这种抒情的意境，到了现代文学的境遇里面，产生了一种相当重要的困境和变化。大家都知道，二十世纪的中国——特别是上半个世纪，是一个革命的时代。那么，抒情在一个革命的大洪流里面，有什么意义呢？大家都投身革命，爱国就可以了嘛！王德威提出很独特的观点，他特别引用了沈从文的一篇没有发

（左图）清末绘画。西方人画清朝皇帝在北京北海公园的冰湖上乘坐滑冰车玩耍，这是当时帝王的娱乐。
（下图）同时的清末，少年在学习抽鸦片。

TOP PHOTO

狂名卓著 刘鹗假老残之口，说“天下大事坏于奸臣者十之三四，坏于不通世故之君子者倒有十分之六七也”！因而他毕生以识见远到之人自许。于时事观察尤其犀利。甲午战前，刘鹗判断中日情势，就预言北洋舰队将覆没，大连旅顺将沦陷，当时不但被视为狂人，更被引为笑谈。等到他的预言果然成真之后，虽然没人再敢笑他，但是他的狂名更著。（编辑部）

表过的家书来解释这个“抒情”。

沈从文说：“对人生有情，就常常和在社会上的事功相背驰，易顾此失彼，事功可以学，有情则难知。”所以他说，文学的功用，特别是作为一个作家，要能够把这种特别的情，化为文字、为形象、为音符、为节奏，“渴望将生命的某一种形式，某一种状态，凝固下来，形成生命另外一种存在和延续，通过长长的时间，通过遥遥的空间，让另外一时另一地生存的人，彼此生命流注，没有阻隔。”

大概是这个意思吧。王德威的这篇长文章也是由沈从文的作品延伸出来的。我颇有同感。我想，王德威基本想

（右图）清代《渤海阅师图册·兵船悬彩》
清末为了挽救帝国颓势，无论是官方或是民间都有兴办实业的风气。图即为北洋舰队船只。

得到的一个论证就是：这么一个伟大的抒情传统，是不是在二十世纪更有意义？我就想用《老残游记》这本小说，来解答王德威提出的问题。

看过《老残游记》的各位朋友，大家都知道，这个小说一开始就提到哭泣。他在初编自序的第一页就说，“婴儿坠地，其泣也呱呱，及其老死，家人环绕，其哭也号啕……盖哭泣者，灵性之现象也……灵性生感情，感情生哭泣。”所以我觉得这本小说是老残，或者可以说是这个作者刘鹗——老残就是一个刘鹗的化身——感叹身世的一种抒情的作品。一般的解释，都以为他当为中国的衰亡

北京故宫博物院

洪都百炼生 清末沈荩被慈禧太后处死，此案牵连到连梦青，逃到上海卖文为生。刘鹗看他日子过得辛苦，义助他“写一小说稿赠之”。连梦青接受了他的好意，把书稿洽接商务印书馆的《绣像小说》连载，并约定商务不可更动一字。后来连梦青指商务没有遵守约定，中断连载，改由天津《日日新闻》连载。刘鹗在连载时以“洪都百炼生”笔名发表，加上后来遭祸，所以直到民国之后，他的后人才正式公布作者的真实身分。（编辑部）

而哭泣，为帝国的末日而哭泣，把它解释为一种社会性的政治小说，可是我觉得它的意义，远远超过当时的社会政治意义。他用这个哭泣，带出来一种中国山水画的写意传统。也就是说，他用一种抒情的文字，描绘了一个帝国末日的情景。所以诗情画意在这个小说里面，被表现得非常完整。而表现得最精彩的，就是游大明湖的那一章。“诗情画意”说起来很容易，可是在文学实践上来说，中国的山水画和诗的关系比较密切，所谓诗中有画、画中有诗，但是在传统小说里面却不多。

中国传统以诗抒情，用小说讲故事

各位想想，除了《红楼梦》之外，几乎所有的中国古典小说，从《三国演义》《水浒传》《西游记》，一直到《儒林外史》，到晚清的小说，基本上在情景交融、诗情画意的这一面都着墨不多，或者说没有把它当作小说里面的重要主题。因为大家都知道，中国传统小说基本上就是说故事，说各式各样的人物和故事。水浒一百零八将，三国更不要说，西游记中唐僧、孙悟空、猪八戒以及他们遇见的各种妖魔鬼怪。所以他很难找出一本章回小说，把一个主要人物的感情和他所处的时代，合成一个境遇，来做一种交融。在中国古典文学里面，一个人的感觉，基本上是用诗的方式来表达的。也就是把诗人个人的感情，寄托在一种诗的形式中——五言、七言绝句或者词——来展现情和景，或者人和社会、人和大自然，甚至是人和宇宙的关系；小说基本上不属于这个诗的领域。大家都知道，在中国的文学史上，小说是雕虫小技。《汉书 · 艺文志》里也提到过，小说是指道听途说的东西。到了宋朝，开始有话本，有小说。基本上都是继承了这个话本传统。所以一般早期的十五、十六世纪的小说里面，作者常常用一种说书人的口吻来讲故事。那么讲什么故事呢？基本上都是所谓侠盗、淫秽的东西，当然也有帝王将相的东西，所以

TOP PHOTO

（上图）清代《绣像小说》创刊号。《老残游记》最初即是在《绣像小说》上刊载。
（右图）《点石斋画报》里清代衙署大堂陈设。《点石斋画报》是中国最早的画报，随上海《申报》附送，主绘者是清末著名画家吴友如。

北京故宫博物院

河南与山东 刘鹗对治河深有能人之不能的自信，因而1887年黄河在河南决堤成灾后，次年他就自荐前往治水，当年即有成，因而受到赏识，后来并因而被山东巡抚张曜借调去山东治水。当时袁世凯也在张曜手下。据说袁世凯想要外放而不得，就央请刘鹗跟张曜说情。张没答应，袁世凯因而和刘鹗结怨。（编辑部）

保守的士大夫就认为，这个不是严肃的文学。可是小说发展得很快，看的人越来越多。到了明末，甚至于很有学问的人都开始写小说。也就是说，明末的文人把小说和戏剧混为一体。而文人呢，总是会写诗的，所以文人就慢慢把一点诗情画意的东西放在里面，可是放的还不是很多。所以我觉得胡适先生对于《老残游记》这本小说的评价非常对，他的一个论点是，中国传统小说里面，写景写得这么细致的，写得这么有抒情味道的，这是第一本。他举了很多例子来说明，一般其他小说在写的时候，都是用一些陈腔滥调，而这本小说是很特别的。所以，从这个观点看来，我觉得游大明湖这一章值得细读。

细读第二回《游大明湖》

大家都知道，这个游大明湖的写法，是一种非常典型的模式：老残一个人，到了山东济南一间客栈，清晨起身

今日的大明湖雪景。

雇了一只小船，荡着双桨，就划到了大明湖。他看到对面千佛山的倒影映在水里，于是就开始情不自禁地诗情画意起来了。表面上这是一个典型的文人游历的过程，可是在他的描写中，我们感觉到那依然是他自己的感觉，是他自己的感受。他在追寻中国文人的一种意境，和前人交流，所以他特别看到了那两行诗，“四面荷花三面柳，一城山色半城湖”，这一种意境的营造。我觉得作者是有意的，他让大家知道：每个人都游过大明湖，可是他看到的大明湖就跟大家的不一样。虽然是传统的模式，却让你在阅读时有一种清新的感觉。为什么清新呢？因为他写景写得特别细致。他的这种写景，如果再进一步看的话，可以发现他用的大多是一种白描和细描的手法。什么叫做白描呢？就是把看到的东西，用一种最简单的，很朴实无华的文字，把它描绘出来。且看下面这几句：“只见对面千佛山上，梵宇僧楼，与那苍松翠柏，高下相间，红的火红，白

时代图片

中国山水画的写意传统 中国画强调的是“形神兼备”，而“神”主要是来自于创作者的情感与意识，故中国画一直以来都很重视“写意”这个部分，以“意”作画方能使画作各具特色，因心造境才得让作品有更深的意境。中国山水画的写意传统，便在于学习山水画必须尊重传统，并在古人的基础上进行新的探索，而最终回归到大自然中，才可创造出既富传统又寓新意的作品。

的雪白，青的靛青，绿的碧绿。”你看，他把四种颜色，每个颜色四个字，非常生动地把这一湖美景表现了出来。这有点张爱玲的味道，参差的对照。“更有一株半株的丹枫夹在里面，仿佛宋人赵千里的一幅大画，做了一架数十里长的屏风。”于是诗情引出了画意，这一类的句子便很多。作者用这种白描的手法带进他的心绪：如此佳景，为什么没有什么游人啊？于是他看到那副对联。一般写小说的，不是这么写，只说某某人到了这个地方，一看，前人有诗为证，只是作“证据”而已。而老残写的是他自己的感受，用自己的语言表现出来之后，才发现原来前人已经有这种呼应了，所以他是在和古人做一种心灵上的交流。我们一开始看的时候，可能只注重他的语言，没有注重心灵的交流。其实整篇小说都在做不同的交流：我觉得有横

（右图）宋 赵伯驹《江山秋色图》
《老残游记》将铁公祠的景色与赵千里（赵伯驹）的画做了一个比对。

向的交流——老残和当地的社会、当地的人事交流；也有纵向的交流——就是和古人的交流，和中国哲学、美学历史上的交流。所以我觉得这个小说表面上看似很平淡，可是里面的寓意却非常深刻。

一个主角贯穿全书

这里我想再提出第二个论点，就是中国传统小说里面，以一个主人翁从头到尾贯穿全书的，几乎没有。我讲的是长篇小说，短篇有，可是连短篇中都不多。中国重要的长篇小说中，如《红楼梦》，你可以说《红楼梦》讲的是贾宝玉，可是不只是贾宝玉，其他人物多得数不胜数。可是《老残游记》呢，只有一个主人翁。那么现在产生的一个问题就是：全书中间那几章——第八回到第十一回——主角怎么突然换成了另外

北京故宫博物院

先觉之常刑 在清末，一个有识见又能通洋务的人，很容易就背上“汉奸”之名。况且刘鹗又以天下为己任。刘鹗终其一生都在想做事，不但做不成，并且饱受污蔑。后来林语堂说他：“夫时代之不了解，乃先觉之常刑。”（编辑部）

一个人？我的解释是，老残把他自己的哲学意境变成主人翁了。他不好意思自己讲，所以找出另外一个叙事者来描绘他自己的心境。中国传统小说里面没有这种主观的哲学论证方式。他需要讲一个另外的故事，然后用那个故事来表达他心灵的境界，其根本上还是一致的。故事到了最后，老残又变成一个侦探，办案成功了，还找到一个妓女翠花，纳她为妾。像这样一个主人翁带动的一系列风景，非但在中国传统小说里少见，十八世纪前的西洋古典小说中也并不多。当然，你也可以说《堂·吉诃德》有这样的东西，堂·吉诃德也碰到很多其他事件，但他还有个随从桑丘（Sancho Panza），带出另外一个主题。但是那部小说的写法跟这本小说的写法不一样，所以这里面就产生一个有意思的比较。根据西方一些理论家的观点来看，这是一个典型的现代小说的模式。现代西方小说基本上的模式就是，一个主人翁和他的现实环境不合，甚至格格不入，不像古典作品中的主人翁：像荷马的史诗里面的人物，其本身是整个宇宙的一部分，他的遭遇就好像命定的一样。而在这部《老残游记》里面，老残的造型似乎有一点现代主人翁的味道。他似乎是和他的社会，虽不能说格格不入，可是多多少少也有点距离了。我们怎么看得出来呢？

老残到底是个什么人？一个传统的中国知识分子只有两条路可以走：要不然就是做官，要不然就是退隐，做文人。老残呢，两者都不是，他表面上是一个医生，而其实医生是装出来的。他懂得医术，所以故意弄了一串铃铛，穿着一件破衣服在路上走，很像乞丐。这是一个造型，是装出来的。而中国传统医生地位不高，就像卖菜的一样，谁要我去我就去了。可是老残做了游医，反而使得他的地位在小说世界里面高起来，变成了一个非常有意思的东西。法国有个词，叫做Flaneur，翻译出来叫做“都市漫游者”，可是老残漫游的不是都市，最多是像济南一样的乡村式的都市。其实他作为一个卖药的郎中，可以在中国各地游走，走来走去，在游走时就跟他所看到的东西

TOP PHOTO

（上图）清代药铺幌子。幌子是药铺的招牌，百姓寻找药铺多以幌子为识。刘鹗自己曾在扬州挂牌行医。

（右上图）旧时药铺的伙计正在秤药材。

（右下图）行医的江湖郎中。

TOP PHOTO

TOP PHOTO

清官与站笼 站笼又称立枷，是清代刑具的一种。犯人被关于笼内，由枷卡住脖子，双脚悬空，慢慢致死。《老残游记》里描述了刚毅和毓贤两个刚愎自用的官吏，自视为清官而视人命如草芥，随意就让人进站笼致死。刘鹗指出清官有时比贪官更可怕。他说：“赃官可恨，人人知之；清官尤可恨，人多不知。盖赃官自知有病，不敢公然为非；清官则自以为不要钱，何所不可，刚愎自用，小则杀人，大则误国。”

（下图）清末站笼一景。
（右图）清末模拟公堂审案场景。

和人物发生了关系，而这种关系多少有一点疏离的意味，可是又不太疏离。所以我认为老残是徘徊在一种入世与出世之间——既进入这个社会，又从这个社会里面作半退隐的状态。他常常是这样的，有急事的时候他就进去了，比如说他写封信，马上在官场中就有很多朋友。我们也搞不清楚为什么老残在官场里面有这么多朋友？他自己也不是进士，可是依然有很多朋友。然后他就可以及时拔剑相助，但不是用剑而是用笔，所以我说他是个“文侠”！可是当人家说“你这么有才就请你做官吧”，他就马上提着行李，连夜溜走了。不想做官，显然是要退隐。所以这个造型本身，我就觉得很有意义。当然，有很多学者把老残这个造型和刘铁云自己的身世做比较，可是我一直觉得，任何小说的主人翁，即使是作家的写照，毕竟还是要经过一点加工。而这个加工就是一种艺术形象，是刘铁云细心刻画出来的。他要让这个主人翁游离于中国的山水世界之中，而这个山水世界，是中国的官场容纳不下的。现实的

TOP PHOTO

社会和历史环境也是一样。大家可能看过同时期其他作者写的《官场现形记》和《二十年目睹之怪现状》，那时候清廷的官场已经非常腐败，不仅贪官非常多，就连清官都做了很多坏事。《老残游记》也批评了清官做的坏事。通过查询史料，发现真有其人，他便把这两个人物都指了出来，一个叫毓贤，一个叫刚毅。关于这些，其他学者都已经讲得很清楚。可是我觉得老残这一个抒情的人物造型，在晚清小说中是非常特别的。我们甚至可以说，在晚清的所有小说里面，找不到第二个像老残一样的人物。吴沃尧、李伯元和曾朴，都写不出一个像老残这样的人物。所以我可以大胆地说，也许这个人物的造型，为中国的现代小说开启了一个小小的新门户。这个造型表面上来看，还是非常传统，可是他本身也代表了某些现代的因素。生活在那个时代，他既是“有情人”，就不可能融入官场社会，也绝对不会同流合污，可是他又不像一些西方现代小说一样，完全与社会疏离，比如加缪的《异乡人》。所以

TOP PHOTO

说书人 说书是一种口头讲说的表演形式，各地的说书人以自己的语言及方式，对人说着不同的故事，因此也可视为是当地文化、方言的一部分。中国自宋代以来，有许多历史资料都足以证明，职业说书在中国不但存在，并且非常流行。在当时的首都和大城市中，听说书是集市内不可缺少的娱乐之一，可知说书艺术一直对中国城市居民的日常生活具有深远的影响。说书人带起的这种口传艺术，在小说形成的历史过程中，成为十分重要的角色，更深深地影响了日后口传的说唱种类。

我觉得，老残其实不只是一个作者的化身。

游记的文体

我们再继续看下去的话，就会觉得更有意思。关于游记这个文体，在中国传统文学里面，是其来有自的。其实很多诗都可以当游记来看，短的游记，很多都是用一种散文的形式写出来的。明末清初有很多人写游记，而且有一个新的现象：就是这些游记，例如《徐霞客游记》，非但有抒情，而且里面写的也有一些地理的因素，名山、大泽，他写得非常仔细。因为清初的人都有个传统的思想，就是大家觉得明朝的颓废之气太盛，所以提倡经世致用。所以徐霞客在游览名山大泽的时候，山多少丈高，水如何辽阔，都描写得很清楚。所以地理学，当时叫做地域学，就由此而出了。我想，刘鹗绝对知道这个游记的传统，所以，这本小说叫做老残游记，而不叫做某某外史或者外传。我觉得他显然是在向中国游记的传统挑战：一方面在继承，一方面在挑战。也就是说，他想用一个小说的笔法，写一种游记式的散文，可是里面的小说成分越来越多。所以你不能够只把这一章当成散文看，因为他说的是一个故事。他的故事怎么说呢？是用一种表面看起来完全没有章法的说法——根据作者的儿子自己说，他爸爸写的时候，信手写来，每天晚上写一点，好像没有章法。我觉得任何一位有才气的作家，即使表面上看来没有章法，骨子里还是有章法的。他的章法是什么呢？就是他所继承的一种抒情形式，也就是我们刚刚讲的例子。

(右图) 清代《杨乃武》插画。《杨乃武与小白菜》是清末四大冤案之一。《老残游记》中批评的“清官”刚弼，有人认为指的是刚毅。刚毅也曾审理此案。

说书人的叙事方式

可是当老残遭遇很多事情的时候，叙事者怎么讲呢？他可以用一个很客观的方法，就是假造出一个说书人来一句开场白，说“各位看官，我来告诉你一个故事”；然后又说“闲话休提，我再告诉你另外一个故事”；再说什么

TOP PHOTO

这是清朝妓院以玻璃画来做的海报。《老残游记》里，有几位妓女的故事。

TOP PHOTO

《桃花源记》为东晋文学家陶渊明所写。全文共分三段：第一段写桃花源被发现的过程。第二段写渔人在桃花源内的所见所闻，架构出陶渊明心目中的理想世界。第三段写桃花源不能再往，暗示桃花源不过是作者的假设。作者不满意于当时紊乱的社会，暴虐的政治，而拟构出一个理想的极乐世界，借以讽刺现实的环境。《桃花源记》虽然出于陶渊明的幻想；但是描摹极具真实感，让人读了为之欣然神往。

“话分两头”，讲完这个带出那个来，这是典型的写法，是中国式的客观叙述法。可是《老残游记》中用“看官”这个字用的很少，我只找到一个地方。前面完全是游记的写法，可是越写情节越复杂。到了第十三回，老残碰到一个案子，这个案子是个冤案，老残本来游兴很好，非常快乐，但后来听到了一个案子，游兴尽失。这个案子在最后那四章呈现无遗。我们知道，老残如果只是成为一种游荡山水的人是不行的，社会要召唤他去做一些事情。而且他又碰到一些朋友，那朋友之中有幸也不幸，有好人也有坏人，但大部分都是好人。然后，他又碰到两个妓女，很穷的妓女，后来迷迷糊糊地就纳了一个妓女为妾。在前面这十回里面，事实上早已交代了很多情节，而这种情节如果仔细看的话，是用一种间接的叙事手法表现出来的：他碰到了一位叫黄人瑞的朋友，从他的口里面听到了很多故事。黄人瑞的故事也交叉着很多情节：一会儿火烧起来了，一会儿要抽根鸦片，似乎作者要让你知道很多有趣的人物，而一般读者或者听众听到了，就想知道下面发生了什么事，于是情节就出来了。可是一个现代作家是最反对讲这种连串的故事的，甚至会说，难道只讲这故事就够了吗？所以他要在这个故事情节里面放进很多其他的因素。所以单从这个小说形式来讲的话，你可以发现，有些情节单看好像是支离破碎的，可是放在整个游记的描述里面，又好像都非常融合，因为它们有一个共通的“情调”（mood）。一直到最后那几回，内容才开始不协调了。我个人并不特别喜欢最后冤案的那三、四回，我觉得连文体都和前面不太契合，因为那里面写到他为了调查冤案，要把那些假装卧底的人讲的粗话都写出来，和前面的大明湖的抒情语言很不协调。可是至少在前面的十四回，调子基本上是很谐和的，像是一首只有三个乐章的交响曲，第一乐章是慢板，抒情的慢板。中间来点谐谑曲（scherzo），有一点诙谐感，到了最后才是波涛汹涌的快板。

（右图）清 任熊《十万图册·雪景山水》

北京故宫博物院

刘鹗对治黄河很有心得，著有《治河七说》等书。《老残游记》里描述了黄河结冰的壮观景象。这是黄河在壶口结冰的一景。
©CORBIS

世纪末 这个名词，指的是“十九世纪末”这个时期，当时欧洲文化产生很大的转变，从过于成熟的顶峰，逐渐趋向颓废与沉沦，人们在精神上处于莫名的恐惧中。艺术家的风格亦深受当代观念的影响，许多艺术作品反映出非常复杂丰富的人文因素，甚至是社会情绪；所以世纪末的文艺思潮，并不是指某种特定的风格或模式，而是艺术家们凭借自己的感受，对现实做出判断或评价。在这段时期里，西方人对世界前途普遍抱持着悲观和恐惧的心理，甚至颓废堕落、醉生梦死，因此对于“死亡议题”的关切，更是十九世纪末艺术的时代趋势。

语言的细节——冬天景象、世纪末的比喻

《老残游记》中最精彩的是细节，大多和人物与风景有关。特别是冬天下雪的描写。一般中国游记写的都是春天，或者是夏天，有时候写秋天，写冬天下雪游览的不多。《老残游记》里面写冬天的时候，都很冷，他去的地方，不管是官场还是客栈，都要坐在炕上。炕就是一个大床，下面是生火的。因为当时没有暖气，都是生火的。第十三回老残见两个妓女，他欹在炕上，两个妓女就站在炕边，后来老残写他的诗，就站在那个炕上写！为什么作者故意要写冬天？

（右图）维也纳的夜晚，十九世纪绘画。显现帝国末日前的人们的奢华放纵。

而且把冬天写得很美？大家都知道内中最精彩的一回（第十二回），是写冬天黄河结冰。老残看到冬天黄河结冰，两只船怎么被冰块凝住，船上的人用木杵打冰，在雪月交辉之下，老残感受到谢灵运的诗句“北风劲且哀”中的“哀”字，不觉泪下，后来一摸，连眼泪都结成冰了。这种写法，我认为在我所看过的中国传统小说中几乎是没有的。他把那个感情“凝固”了。我刚刚引过沈从文所说的“抒情是把生命的某一种状态凝固下来”，就是这个意思。西方有一位诗人华兹华斯（W.Wordsworth）说，诗就是“emotion

TOP PHOTO

徐霞客游记 徐弘祖（1586-1641），号霞客，生于十六世纪的明朝。他特立独行，终其一生坚持做他所喜爱之事，因此他从青年时期起，便开始有计划地考察旅行，足迹遍及今天的江苏、浙江、福建、山东、河北、山西、陕西、河南、湖北、湖南、江西、广东、广西、云南等地，他每到一地，必将当地的自然景象及风土人情记录下来，最终根据自己的所见所闻，完成了《徐霞客游记》。此书是作者考察山水三十年的总结，是最早的一部较为详细记录地理环境的游记，具有很丰富的内容。其中有世界上岩溶考察的最早资料，并记载着众多少数民族的经济、历史、地理与风俗习惯，还有各村落城镇的盛衰，名胜古迹的演变等，成为研究中国民族和历史地理的珍贵资料。

recollected in tranquility”，就是一种感情，成为一种宁静的感觉后，把它回想写出来。可是他没有用这种“冰的凝固”的意象，这种既炽热又凛冽的感觉。我们读时，一方面感觉到人情味很浓，老残跟这些人来来往往，吃吃喝喝，吃的是火锅之类的北方菜啦，我读时都流口水啦！很舒服。可是外面的景象是凛冽的、冰冷的。这当然有它的象征意义：就是说中国的历史已经到了一个冬天。这不是我的比喻，是小说里面的比喻，是这个作者的历史观，不是我们现在的历史观。而他的历史观，还是传统中国的历史观，是一个cycle，一个循环。就好像一年四季一样，春夏秋冬。也就是书中申子平见到的两位奇人所说的：中国的历史，一治一乱。冬天万物皆枯，就影射了当时满清帝国的衰弱。老残被困在这个地方和时代，就希望将来可以万物复苏，中华的文明会振兴。

很多人以为老残会同情革命，其实他完全不同情革命，

（右图）《老残游记》是第一部将抒情意象融入游记的作品。

甚至他是反对革命的。所以，这一种历史观，这种感觉，我暂且称它是世纪末的感觉。中国没有世纪末这个名词，世纪末就是一个世纪到了结尾，这个名词叫做fin-de-siécle，或者叫做end of century，是欧洲历史上的一个名词。比如说维也纳在1890年到1900年的时候叫做世纪末，有一本学术名著叫做《世纪末的维也纳》。中国没有世纪的概念，可是却有王朝的末代。气数将尽，朝廷自己当然不会公开这种感觉，可是一般的士大夫都看得出来。刘鹗不用一种直接的方式来写，他不像梁启超一样，振臂高呼，跟着他的老师康有为"戊戌变法"，上万言书，结果最后就逃到日本。刘鹗没有那么革命性，他要用一种抒情的方法，来展示他个人对时代的一种愤世之情，但是用抒情的手法来写自己对于一个时代的感受，其实不是那么容易的事情。所以说到这里，下面一个问题就很自然地显现出来了，那就是：你如果只是写游山玩水或者写几个探案也就罢了，因为晚清写探案的文章

TOP PHOTO

本雅明与漫游者 本雅明（Walter Benjamin），出生于1892年柏林的一个犹太商人家庭。他生前除了大量见诸报刊的评论文章外，其作品在当时并没有引起广泛的关注。但从1955年起，本雅明开始被重新发现，直至今日，本雅明已是家喻户晓的文学评论家，其著作被视为文化批判的经典。

当十九世纪的巴黎，都市开始全面的现代化时，对于本雅明来说，揭示了一个重要的课题，即该如何去处理自己在其中的定位及文化实践，以及如何去对抗这样一个商品化的空间和结构，漫游者就是在这样的脉络下产生的概念。漫游者在人群中穿梭，不断地观望大众，试图在这样漫游的路上，找出创作的灵感。漫游者不只是一个游客，本身也是这个场域的当事人，他关心着文化的脉动，并记录着都市的变化。他想更了解这个城市，而且不是单单只看表面，而是用心去感受一些内在的东西。

比刘鹗的《老残游记》精彩的有许多。《九命七冤》就是一个例子。可是，以游记的方式来探讨一种意境，而意境背后又影射政治、社会和历史，又该怎么写？这里我又有另外一个想法：西方十九世纪末、二十世纪初的小说写这种东西的很多，可是篇幅都很长，当然也有例外。它们写的大多是一个文明的堕落，讨论很多思想问题。我随便举一个例子，是本历史书，叫做《西方的没落》（*The Decline of the West*），还有一本小说，讲维也纳的衰落，叫做《没有个

（上图）明 张路《骑驴图》
在《老残游记》里，申子平便是骑驴登山。

性的人》（*The Man without Qualities*），篇幅很大，还是没有写完。更熟悉一点的，像是托马斯·曼写的《威尼斯之死》（*Death in Venice*），稍微短了一点，讲的是一个诗人和他的爱欲；还有《魔山》（*The Magic Mountain*），书中讨论了很多思想和艺术问题。这种思想性的小说，在晚清绝无仅有，恐怕只有《老残游记》中申子平登山遇虎的这几回有此意味，是全书中最难读、最难懂，也是抒情意境最好的部分。

北京故宫博物院

泰州学派 元明以后，佛、道有衰微的趋势，反之理学勃兴，以孔子的伦理思想为核心，吸取释、道两家大量的哲学思维，三者逐渐密不可分。泰州学派是王阳明学说的进一步发展，以“三教合一论”饱受正统理学家批评，但三教思想的融合，是明代思想学术界的普遍风习，三教思想互相援用，亦是当时常见的情景。泰州学派所推动的思想转折，带有强烈的近代色彩，成为中国思想史一系列重大变革的先声。

申子平登山遇虎

这个故事怎么讲呢？说是老残为了救人，写了一封信给山上住的一个大侠。大侠姓刘，据说若是把这个人找出来，就不会有强盗了，所以他就派朋友的弟弟申子平把这封信送去。大侠隐居在山中，于是，申子平就去了。小说之前完全没有提到申子平是什么人，而他刚好就出现了，所以你可以看出，这个人物是作者故意安排的，完全是利用他来讲这个故事。这个人在冬天——也是冬天——骑了头小驴子，到山上去，从一开始就非常的抒情，完全是一篇山水描写：

> “子平进了山口，抬头看时，只见不远前面就是一片高山，像架屏风似的，迎面竖起，土石相间，树木丛杂。却当大雪之后，石是青的，雪是白的，树上枝条是黄的，又有许多松柏是绿的，一丛一丛，如画上点的苔一样。骑着驴，玩着山景，实在快乐得极，思想做两句诗，描摹这个景象。”

这个写法，是和刚刚我讲过的大明湖的写法是一样的，是一种细描，而且用的是非常浅显的文字。你可以想象这幅画，一个人在雪地里面，骑了一头驴，慢慢慢慢走上去。我以前在芝加哥住的时候，在客厅里挂了一幅画，记得好像是徐文长画的：一个人骑着一头驴上山。那幅画里面没有雪景，而这里还加上了雪景。申子平晚上到达了那里，看到月光下的雪景。作者用大段文字描写月亮照雪景是怎么不同。然后呢，突然老虎来了，他对老虎的描写也非常精彩，可是老虎不吃他。看到这里，熟读中国传统小说的人就知道，这种写法是在向《水浒传》中武松打虎的一节挑战。武松打虎，大家都知道怎么描写的，先喝几碗酒上山，见到一个“母大虫”，他一闪，老虎尾巴一扫，三次就可置他于死地。可是这里写的老虎已经成了

（右图）近代　张善孖《虎》
张善孖是张大千的哥哥，尤其喜欢画老虎，自号“虎痴”。

TOP PHOTO

大成 刘鹗的思想，深受泰山学派的影响，而以“大成”名之：“学六法。以立己，立人，达己，达人为大成。”又“无儒释道之别，无门户主奴之见”，故称为大成。和大成相对比的，则是“独善其身为小成”。（编辑部）

精，它不伤人，而且可以飞来飞去。你就能感觉到，山林的灵性已经融进文中了。

为什么要写像这样的老虎？表面的意义是说苛政如猛虎，一个坏的政府，就是比那老虎还坏。可是，它背后还有一层意义：其实老虎不是一个坏的野兽，也不是那么凶的野兽，如果把它当作一种政治代言人的话，就变坏了。真正的老虎，就是大自然里面的万物之一，这是典型的中国道家心态，或者也可以说是儒家心态，基本上都是一样——即万物本身不是坏的东西，很少有本质坏的事物。所以申子平吸收了山水的灵性，自己也变了一种仙人的样子，然后慢慢地就进去了。大家都知道，中国山水画表面上没有透视“perspective”，但实际上是有的。它是照着一个“之”字形转进去，从下面的前景慢慢转上去，转到后景。因为中国画是长方形的，快转到画纸上面的时候，就进到一种意境。丛林也好、山谷也好，常会有一个小茅屋，或者一个人，很自然地融入山景之中。这本小说也是如此，申子平也见到一个小茅屋。他骑着驴子，辛辛苦苦到了那里，一开门，就进入仙境了。这个仙境，这一段旅行，非常明显地是在描绘一个桃花源，作者甚至讲出来了：那位仙人黄龙子说，我这首诗写的，你把它当作桃花源看就好了。可是《桃花源记》里面，那位渔夫回来之后第二次去找就找不到了，好像是中国的香格里拉一样。可是小说里面这个形象是怎么样呢？

申子平、玙姑、黄龙子——儒、道、佛三教合一

（右图）明宪宗绘《一图和气图》。此画初看时，觉得是一老儿盘腿而坐，但事实却为三人合一。左为一个戴道冠者、右为戴方巾的儒士，一个佛教中人手拿念珠，搭着两人的肩，显示“三教合一”的思想。

根据很多人的研究，我们现在知道，刘鹗所建构出来的这两个人物完全是虚构的。特别是那位美女玙姑，我第一次看到玙姑，就差点爱上她了。可是后来一看别人的研究，原来玙姑是刘铁云的一把琴，名叫云玙，所以玙姑会弹琴。玙姑有个老朋友，形象有点类似虬髯客——唐朝传奇中的虬髯客，可是这个人会画画，会写字，叫做黄龙子。有个朋友

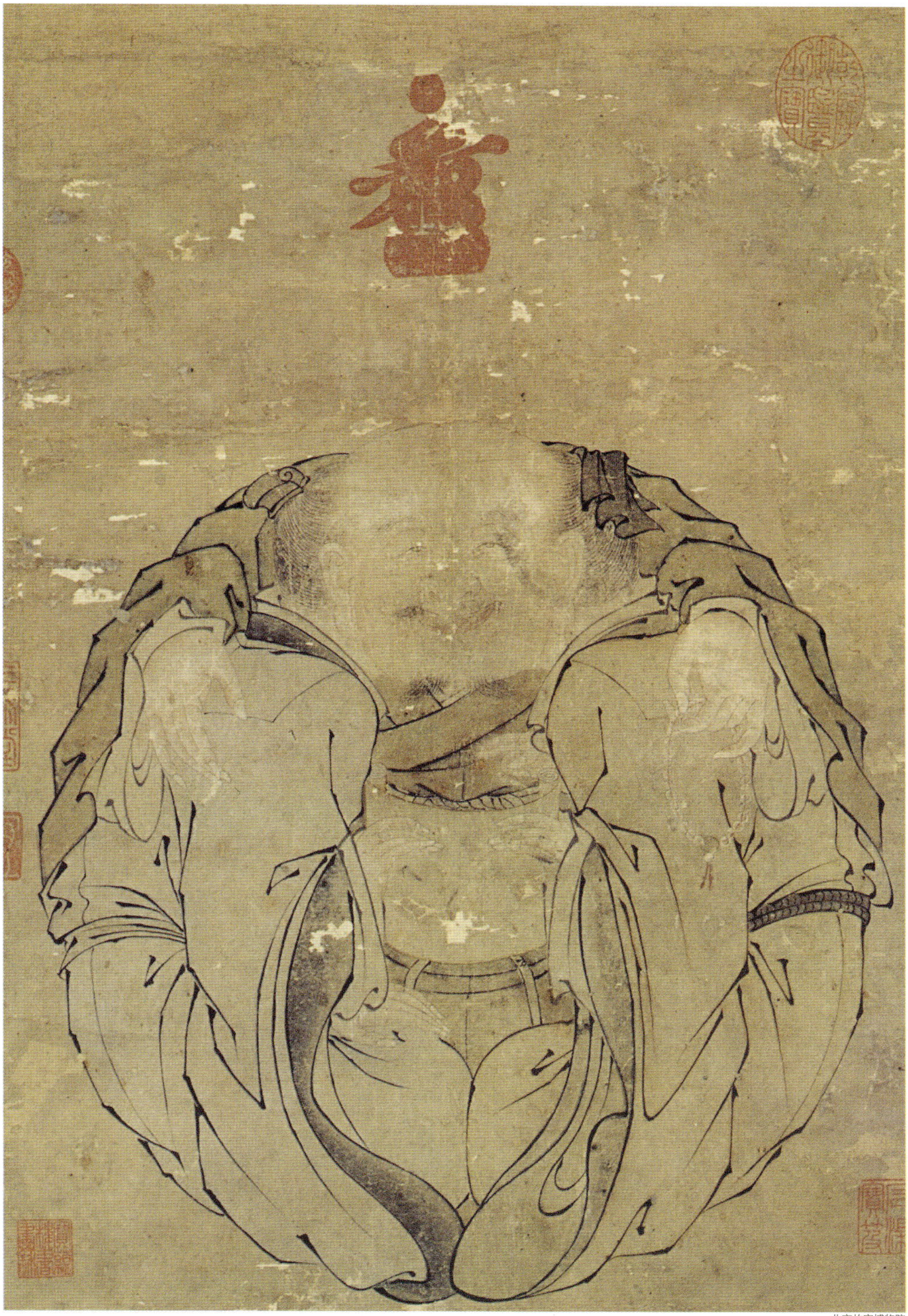

北京故宫博物院

北上办赈 义和团事起，八国联军进入北京后，“海运断绝，京粮不济。商人亦以乱未定，相率裹足。仓储又为外人所据，于是人皆乏食”，刘鹗这时率先筹资购米，北上办赈，带动其他人也跟进。同时又设平粜局，防人操纵米价。当时的太仓为俄军所占，俄军不食米，想要把太仓付之一炬，刘鹗得知后就联合其他办赈之人去谈判，“以贱价尽得之，粜诸民，民赖以安”。这后来被袁世凯说是私售仓粟，成为主要罪名之一。（编辑部）

（右上图）“北拳南革”是刘鹗在《老残游记》里谈到的两个乱局。孙中山与杨鹤龄（前左一）、陈少白（前右二）、尤列（前右一）的“四大寇”合照。

（右下图）临上刑场的义和团民。

就问刘铁云，黄龙子这个名字，好像不是一个好的名字，不太典雅。我觉得他的问题问错了，其实是有关系的，因为里面有虎的话，就应该有龙。黄龙子是侠客，又有点道家的意味。如果申子平代表的是一种儒家的人物，他见到的玙姑和黄龙子，就是代表中国文化里面的另外两教，就是佛家和道家。儒、道、佛结合在一起，代表的是晚明以来一个很重要的哲学支流，叫做泰州学派，这个学派的宗旨就是三教合一。他们把王阳明的学问，加上了很多道家和佛家的色彩，认为这三种传统，是互为表里、相辅相成的。黄龙子所说的那一套，就是三教合一的理论。然而三教合一的泰州学派，在正统的儒家里面，还是有点旁门左道，并不是所有的儒家都能接受。可是在当时，至少刘铁云所接触的人物里，泰州学派还是占有很重要的地位的。他的儿子曾经做过研究，原来他的几个朋友，就是泰州学派的人。所以我们有理由可以相信，刘铁云自己是受到泰州学派的影响的。如果你是学思想史的，面对晚清的乱局，作为一个知识分子，并且由三教合一的立场来看，你会作何感想？你如果是个经世致用的儒家，可能比较容易做到，你可以去开矿，作船坚炮利的实用之学。你可以做严复，也可以做梁启超。你如果是一个经学家，也许可以像康有为一样，在“今古之争”中作你的“托古改制”，你可以展现你自己对于将来的想象，写“大同书”。可是你作为一个泰州学派的人，怎么来看呢？我觉得是不可能提出一个很实际的方案出来的，也就是说，政治性不那么明显，而这就需要用另外一种方法把自己的政治感觉表现出来。所以这里面玙姑，特别是黄龙子的那一套论述，表面上看起来很晦涩，其实就是从泰州学派的立场来探讨这个问题的。这个探讨的结果就是第十回中的谜语。

乱世的寓言

谜语中最明显的就是北拳南革，北方有拳匪之乱，南方也会有乱，这个南方的乱就是指孙中山的革命。刘铁云

北京故宫博物院

北京故宫博物院

山西与浦口 刘鹗弃官从商后，到山西协助官府和英国人谈判开矿事。刘鹗认为“国无素蓄，不如任欧人开之，我严定其制，令三十年而全矿路归我。如是，则彼之利在一时，而我之利在百世矣”。结果“事成而汉奸之名大噪于世”。后来刘鹗又以独到的眼光看出浦口地处要津，买地多顷，等清府决开津浦铁路，地价大涨，其他人眼红，又指他代洋人购地，成为袁世凯缉捕他的另外一大罪状。

对于当时孙中山的革命，持有一种暧昧的态度：一方面他认为革命是一种乱局，他不赞成；另外一方面他觉得清朝已经这么颓败，一定要重新改革。所以有人说他是新党，他也参加过维新运动，主张变革，属于改良派。可是，在这个小说里面，这几回所描写的，他不是提出什么具体的改良意见，而是从一个哲学的角度上来探讨中国将来的命运。可结论是什么呢？结论就是：将来有大乱，这是命定的。他是怎么算的呢？他用六十甲子和天干地支的算法，就是每隔多少年有一次大乱。他说是六十年，人的一甲子就是六十年。然后有小乱。所以再过几年就会大乱了，这一点他几乎是猜对了，因为这本小说是1904到1905年写的，1911年就是辛亥革命，所以他说再过几年就有大乱，是猜对了。可是，他下面说这个乱是不会成功的，慢慢会消沉下去，这个他猜错了，而这一点胡适早已经指正了。因为中华民国建立后，一直持续了好多年。我觉得刘铁云的这种猜测，其实是一个寓言式的东西，不是说就像推背图一样的算命，今年会发生什么什么；而是一种意境式的、寓言式的，甚至是一种哲学式的反思，并以此来反省中国的治乱轮回。生于乱世，感觉又是如何呢？所以又回到一个我所说的抒情的传统里面了。但是到最后，也许是出于偶然，也许是为了迎合当时读者的需要，刘铁云还是写了一个探案的故事。

TOP PHOTO

（上图）中国西北煤矿工人栖身的窑洞。刘鹗曾因主办山西煤矿，被斥为卖国。
（右上图）袁世凯赋闲时拍摄的垂钓图。摄于1910年，刘鹗死后第二年。
（右下图）清末户部银行具有国家中央银行的性质。这是他们发行的五元兑换券。

白大人探案

刘鹗既然是一个改良主义者，那么就做一些切实的事情吧！于是他就用这个探案的例子，来批评当时官场的腐败。特别是那些乱整人的清官。他介绍的是一种很新颖的探案方法。这个方法是什么呢？那是一种推理，甚至可以说是一种科学的推理，要有证据。你看当时包公探案是不用证据的，包公探案就是先把人吓唬一下子，到了地狱了，把人吓坏了，然后包公才威风断案！可是这本小

TOP PHOTO

北京故宫博物院

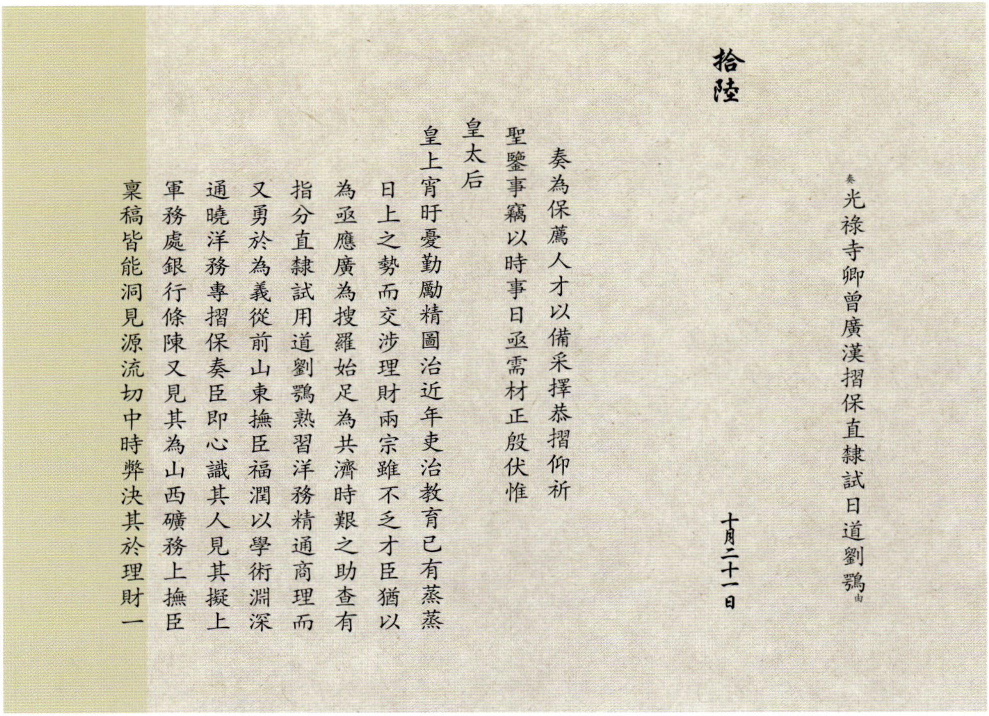
拾陸

奏 光祿寺卿曾廣漢摺保直隸試日道劉鶚 由

十月二十一日

奏為保薦人才以備采擇恭摺仰祈
聖鑒事竊以時事日亟需材正般伏惟
皇太后
皇上宵旰憂勤勵精圖治近年吏治教育已有蒸蒸
日上之勢而交涉理財兩宗雖不乏才臣猶以
為亟應廣為搜羅始足為共濟時艱之助查有
指分直隸試用道劉鶚熟習洋務精通商理而
又勇於為義從前山東撫臣福潤以學術淵深
通曉洋務專摺保奏臣即心識其人見其擬上
軍務處銀行條陳又見其為山西礦務上撫臣
稟稿皆能洞見源流切中時弊決其於理財一

流放新疆 刘鹗曾因"熟习洋务，精通商理，而又勇于为义"受到保奏。但后来又两度被时在军机处的袁世凯密令逮捕。第一次有人力保得免，第二次受命的两江总督端方虽然特意事前透过他人示警，但可惜阴错阳差，送信人受阻于刘鹗的下人，因而被捕，流放新疆。次年即死于迪化。（编辑部）

（上图）保奏函的部分内容。（右图）袁世凯第一次密令的内容。两份密函的原件现藏于台北故宫。

说介绍一位白大人来，他凡事讲凭证据，虽然花了很大工夫，但最后终于找到了杀人犯。用香港电影的说法是"卧底"：派一个人，假装成强盗去赌博，结果和凶手变成好朋友，最后找到了原来那个坏人。他把一家十三口杀掉，其实用的是一种药。这个药只会让人暂时死亡，但再过几十天，当"死了的人"闻到还魂香的时候，他们就会复活了。这简直是一个奇怪的东西。我常在想，如果我要做点考证的话，就要研究这个药从哪里来！小说里面说这种药是山上来的，山上有一种草。所以在最后一回，申子平碰到了另外一条"龙"——青龙子。那位青龙子，知道解药的所在。所以，前面的黄龙子是讲政治的解药，后面的青龙子是讲探案的解药。当人赃俱在，证据找到，药也找到了。可是在这个探案的过程里面，大家如果注意看的话，还会发现一个名字，叫做福尔摩斯。这个是英国的名侦探Sherlock Holmes，这位英国侦探竟然在中国的小说里面

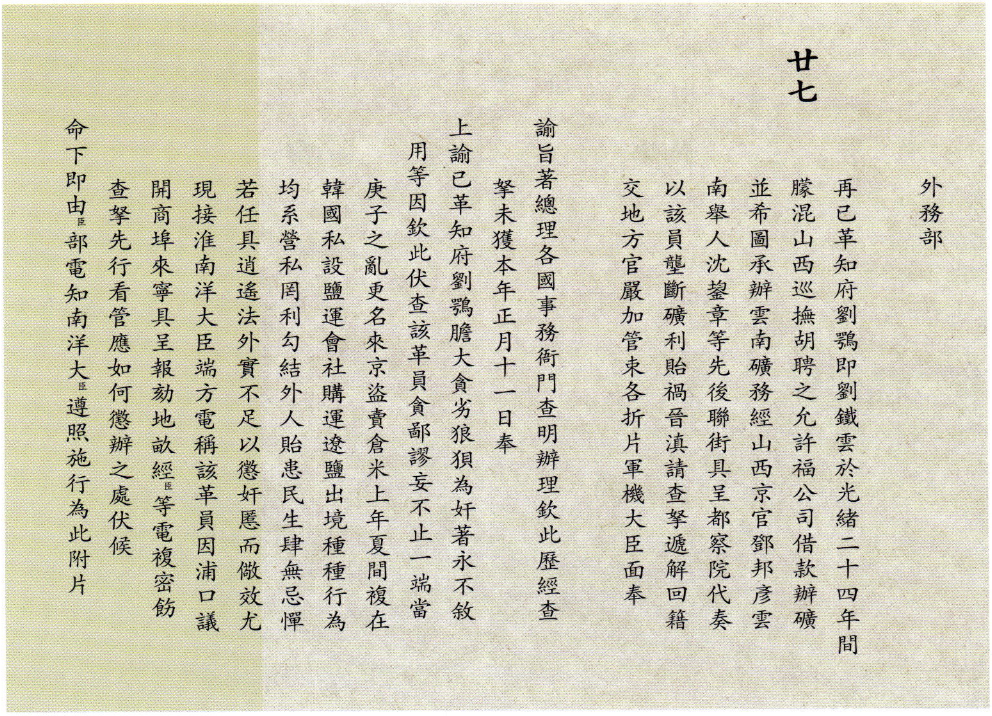

廿七

外務部

再已革知府劉鶚即劉鐵雲於光緒二十四年間
朦混山西巡撫胡聘之允許福公司借款辦礦
並希圖承辦雲南礦務經山西京官鄧邦彥雲
南舉人沈鋆章等先後聯銜具呈都察院代奏
以該員壟斷礦利貽禍晉滇請查拏遞解回籍
交地方官嚴加管束各折片軍機大臣面奉
諭旨著總理各國事務衙門查明辦理欽此歷經查
拏未獲本年正月十一日奉
上諭已革知府劉鶚膽大貪劣狼狽為奸著永不敘
用等因欽此伏查該革員貪鄙謬妄不止一端當
庚子之亂吏名來京盜賣倉米上年夏間複在
韓國私設鹽運會社購運遼鹽出境種種行為
均系營私罔利勾結外人貽患民生肆無忌憚
若任其逍遙法外實不足以懲奸慝而儆效尤
現接淮南洋大臣端方電稱該革員因浦口議
開商埠來寧具呈報効地畝經臣等電複密飭
查拏先行看管應如何懲辦之處伏候
命下即由臣部電知南洋大臣遵照施行為此附片

出现了！就这么一次，表示老残有一种福尔摩斯的能耐。福尔摩斯代表的就是推理，福尔摩斯自己不是一个侠客；他不是包公，他是一个极有理性的人物。刘铁云是博览群书，他知道当时晚清大家很喜欢看福尔摩斯。通过这种探案的方式，其实已经为当时的政治带进了一个新的因素，就是西方理性和西方科学的因素。那不像以前传统的判案方法，是当时新政的一部分，甚至包括将来的君主立宪、练兵、开矿等整整一套内容。

所以我觉得从这个角度来看的话，其实也蛮有意思。如果你只看情节，大概一猜就差不多了。好在住在香港的何冀平女士把这个探案改编得非常精彩，她的剧本里面，就是以这个探案为主，把整个探案变成话剧，然后把青龙子的那个角色加重，和黄龙子变成一个人物。最后，老残干脆就跟着青龙子归山退隐去了。这是何女士创作的一个新结尾，不是小说里面原有的。小说到这里，我第一次看

铁云藏龟 刘鹗搜藏古董，无所不包。在北京、南京、苏州、上海等地都有房子分藏。书画、碑帖、钟鼎、砖瓦、帛布、印章、乐器固然都是他的目标，最值得佩服的是，他对甲骨和泥封的注意，开前人未有的眼界。当河南刚出现甲骨文的时候，很多人“都不相信龟甲兽骨能在地下埋几千年”，刘鹗是最早相信的人，是中国开启甲骨文研究的第一人，著有《铁云藏龟》。连甲骨文大家罗振玉，都是因为读《铁云藏龟》而踏上了往这方面研究之路。（编辑部）

时就觉得，那是一个反高潮，文字没有以前好。我这次再看才发现，也许这个小说的历史性就在于此吧。不然的话我们可以把这部小说看成宋朝的小说，当然语言不太一样。那么他的历史性到底如何解释？

历史和梦

怎么从一本二十回散文体的小说中发现它的意义？除了政治和影射——小说中的某些人物影射历史现实中的人物——之外，还有什么其他途径可循呢？

“老残”这个名字，作者其实指的是一种心态。所谓“残局已尽”，说的便是清末的大残局已经到了尽头。全书开头老残做了一个梦，梦见一条洪波巨浪中的船，船身二十三四丈，前后六条桅杆，挂着六扇旧帆，又有两根新桅，船的东边有一块甲板，约三丈长短，已经破损……于是不少研究者——包括刘鹗的儿子——都认为这是当时清帝国的隐喻，“二十三四丈”指的是二十三四省，六扇旧帆是政府的六部，东边三丈长的一块指的是东三省等等，这种“对号入座”法，我认为意义不大。其实船的意象也见于晚清的其他小说，例如李伯元的《文明小史》的“楔子”中也有条船，说作者自己坐在船上，长日当空，忽来一片乌云，要下大雨了，象征意义与《老残游记》异曲同工，甚至说得很明显：“请教诸公，我们今日的世界，到了什么时候了？”，于是有一个人说“老大帝国，未必转老还童”，又有一个人说“幼稚时代，不难由少而壮”。但《老残游记》写得更含蓄，开始时老残还不知道自己在做梦。于是我就想：这一段历史，是不是可以用梦的方式来处理？整个晚清乱局，在小说家眼中就是一场噩梦，而梦和现实的关系还是很密切的，甚至申子平登山遇虎、见到玙姑和黄龙子，也可以是一场梦。

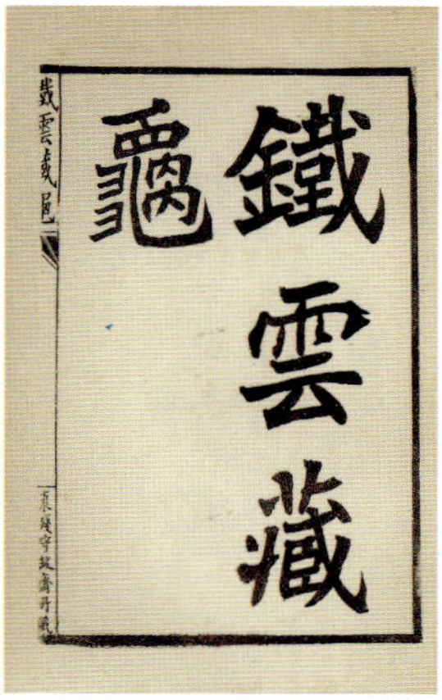

（上图）《铁云藏龟》封面
（右图）《铁云藏龟》书影

那么，梦和历史的关系呢？表面上看来，是完全不相干的事情，但我们的刘铁云先生却不以为然。人生本来如

梦，他在二编的自序中说得更清楚，这里且让我引一段：

“夫梦之情境，虽已为幻为虚，不可复得，而叙述梦中情境之我，固俨然其犹在也。若百年后之我，且不知其归于何所，虽有此如梦之百年之情境，更无叙述此情境之我而叙述之矣。是以人生百年，比之于梦，犹觉百年更虚于梦也。”

这段话甚有哲理，而且更有文学意味，因为刘鹗特别强调梦和叙述者——“我”——之间的吊诡：现在有我在，但情境如梦，百年之后我都不知道跑到哪里去了，如何介绍给百年之后的读者？所以他说“人生百年，比之于梦，犹觉百年更虚于梦也！”也许，在2009年——恰好

胡适的评语“但是《老残游记》在中国文学史上的最大贡献却不在于作者的思想，而在于作者描写风景人物的能力。古来作小说的人在描写人物的方面还有很肯用气力的，但描写风景的能力在旧小说里简直没有……《老残游记》最擅长的是描写的技术，无论写人写景，作者都不肯用套语烂调，总想镕铸新词，作实地的描画。在这一点上，这部书可算是前无古人了。”（编辑部）

是这本小说诞生之后的第一百年——我们来回顾这一百年的变化，包括刘铁云五十二年的生命，都是一场梦。我们也可以说，百年历史也可能“虚于梦”，唯有把它叙述出来，才是“实”的。因为叙述者的存在是一种真实的保障，然而如今作者已死，又当如何追溯这“如梦之百年之情境”？也许历史就是一个时代人所做的集体梦，甚至包括对将来的梦？讲到这里，我们就进入本雅明（Walter Benjamin）的境界了，在此不能多谈。

这百年历史是近代史，对我们来说应该是很近的，可是现在看起来又觉得很远，刘鹗笔下的老残世界好像早已不存在了。我曾问一位年轻记者，你去过大明湖没有？她说去过，我问是什么样子，她说没有什么，都是高楼大厦喽，哪还有什么“一城山色半城湖”？！也许，正如刘铁云所说，这一切良辰美景、湖光山色，到如今都变成一场梦，有谁能像老残那样重新体验呢？

所以，当香港的名导演毛俊辉先生把何冀平女士的剧本重新搬上舞台的时候，特别是把一个生活在现代香港的演员放在前台，然后让他一步一步走进去，开始扮演老残的角色，这是一种极有意义的“间离手法”。相形之下，一般研究《老残游记》的人，都是在做考证，容我说一句大胆话，那些都太古板了，而且没有抓到文学和艺术的一面——一种抒情的梦境。

结论：唤回抒情的美学

历史可以是实的，也可以是虚的，端看一个文学家怎么写。我们熟悉的晚清小说，如《孽海花》和《官场现形记》都是“野史”，是根据当时的现实情况演绎出来的。唯有《老残游记》不然，它用一种抒情手法，把当时的现实“美化”，变成一幅历史的山水画。如果是在汉唐盛世，这种山水画可以拿来共享，但到了十八世纪曹雪芹写《红楼梦》的时候，那已经是在追忆似水年华了，但大

（右图）清 王翚《秋树昏鸦图》历代中国山水画擅长将人物与屋舍自然地融入山景中，而清代的王翚出身于绘画世家，少年时常临摹元代黄公望的山水画，因此他的山水画擅长以人入景。

北京故宫博物院

观园中的那个抒情意境还是完美的。然而到了清末的《老残游记》，这个抒情意境本身已经残缺了，而这个残缺意境的背后，则是历史的阴影。小说愈抒情，阴影愈大，但刘鹗并没有把当时历史危机的现实——诸如拳匪之乱、八国联军、戊戌变法、孙中山的革命——写出来，只是从一首诗中略作影射，这并不表示作者会全部置身度外，因为我们知道刘鹗本人熟悉铁路、采矿、炼盐之术，也参加过这一类的工作，只不过是他后来生意失败了，被流放到新疆，郁郁而死。正因为在文本中他不写，这个乱局的阴影反而和抒情的意境之间形成一种紧张，表面上越平和，你越觉得背后的乱性越大。有时我想到同一时期的奥匈帝国和世纪末的维也纳文化，可谓颓废之美达到极点，但也更危机四伏。这个比较，恐怕须要进一步探讨才行。

最后，我想做一个小小的结论，也回到王德威的意见，他引用了捷克学者普实克（Jaroslav Prusek）关于“抒情”和“史诗”的两种模式并将之引申，认为中国现代文学到了二十世纪，已经进入一个史诗式的文学时代，也就是革命时代。这个大时代是需要投入的，而小说是写实的，具有社会性的，似乎是继“抒情”时代以后的东西。二者互相取代，王德威再三想要探讨论证的是，在这个史诗时代，抒情的意义是什么？为什么还要抒情？我对王德威的看法的感觉是：其实抒情是中国最古老的文学艺术传统，即使山水画也有它永恒的美学意义，是不容取代的，甚至可以超越历史和现实，譬如曹植的诗中所达到的最高意境。照另一位名学者高友工的说法，这是一种“美典”。我又觉得，反而在危机四伏的史诗时代，抒情的作用才更为珍贵，它甚至可以变成表现历史危机的另一种方式，犹如颓废是现代性的另一面一样。

我们现在所处的二十一世纪所面临的是另一种危机，曾经衰败的中国富强了，世界全球化了，人们生活在逸乐之中，毫无危机感，更谈不上什么史诗和抒情，只有享受和欲望，还有什么值得哭泣？说不定现在很多中学生如果读到老残哭泣或泪水冻结于面，会觉得好笑！这种抒情的灵性早已失落了，因为它和商品经济、物质文明毫无关联，这一种美感的消失。我认为，这反而是当今人类最大的危机。也许，在二十一世纪初，我们正应该唤回一点百年前刘鹗和老残所感受到的抒情美梦。

2.0

故事绘图

老残山水画

谢祖华

英国普利茅斯大学平面设计系毕业。专业插画家。爱书人、摄影迷。

绘有《风岛飞起来了》《我爱蓝树林》《红瓦房》、英译本《橘子红了》等书。

土不制水历年成患　风能鼓浪到处可危

历山山下古帝遗踪　明湖湖边美人绝调

宫保爱才求贤若渴　太尊治盗疾恶如仇

金线东来寻黑虎　布帆西去访苍鹰

桃花山月下遇虎　柏树峪雪中访贤

一客吟诗负手面壁　三人品茗促膝谈心

骊龙双珠光照琴瑟　犀牛一角声叶箜篌

寒风冻塞黄河水　暖气催成白雪辞

大县若蛙半浮水面　小船如蚁分送馒头

白太守谈笑释奇冤　铁先生风霜访大案

3.0

原典选读

刘鹗原著

第二回

历山山下古帝遗踪 明湖湖边美人绝调

话说老残在渔船上被众人砸得沉下海去，自知万无生理，只好闭着眼睛，听他怎样。觉得身体如落叶一般，飘飘荡荡，顷刻工夫沉了底了。只听耳边有人叫道："先生，起来罢！先生，起来罢！天已黑了，饭厅上饭已摆好多时了。"老残慌忙睁开眼睛，愣了一愣道："呀！原来是一梦！"

自从那日起，又过了几天，老残向管事的道："现在天气渐寒，贵居停的病也不会再发，明年如有委用之处，再来效劳。目下鄙人要往济南府去看看大明湖的风景。"管事的再三挽留不住，只好当晚设酒饯行。封了一千两银子奉给老残，算是医生的酬劳。老残略道一声"谢谢"，也就收入箱笼，告辞动身上车去了。

一路秋山红叶，老圃黄花，颇不寂寞。到了济南府，进得城来，家家泉水，户户垂杨，比那江南风景，觉得更为有趣。到了小布政司街，觅了一家客店，名叫高升店，将行李卸下，开发了车价酒钱，胡乱吃点晚饭，也就睡了。

次日清晨起来，吃点儿点心，便摇着串铃满街踅了一趟，虚应一应故事。午后便步行至鹊华桥边，雇了一只小船，荡起双桨，朝北不远，便到历下亭前。下船进去，入了大门，便是一个亭子，油漆已大半剥蚀。亭子上悬了一副对联，写的是"历下此亭古，济南名士多"，上写着"杜工部句"，下写着“道州何绍基书”。亭子旁边虽有几间房屋，也没有什么意思。复行下船，向西荡去，不甚远，又到了铁公祠畔。你道铁公是谁？就是明初与燕王为难的那个铁铉。后人敬他的忠义，所以至今春秋时节，土人尚不断的来此进香。

到了铁公祠前，朝南一望，只见对面千佛山上，梵宇僧楼，与那苍松翠柏，高下相间，红的火红，白的雪白，青的靛青，绿的碧绿，更有那一株半株的丹枫夹在里面，仿佛宋人赵千里的一幅大画，做了一架数十里长的屏风。正在叹赏不绝，忽听一声渔唱，低头看去，谁知那明湖业已澄净的同镜子一般。那千佛山的倒影映在湖里，显得明明白白，那楼台树木，格外光彩，觉得比上头的一个千佛山还要好看，还要清楚。这湖的南岸，上去便是街市，却有一层芦苇，密密遮住。现在正是开花的时候，一片白花映着带水气的斜阳，好似一条粉红绒毯，做了上下两个山的垫子，实在奇绝。

老残心里想道：“如此佳景，为何没有什么游人？”看了一会儿，回转身来，看那大门里面楹柱上有副对联，写的是“四面荷花三面柳，一城山色半城湖”，暗暗点头道：“真正不错！”进了大门，正面便是铁公享堂，朝东便是一个荷池。绕着曲折的回廊，到了荷池东面，就是个圆门。圆门东边有三间旧房，有个破匾，上题“古水仙祠”四个字。祠前一副破旧对联，写的是“一盏寒泉荐秋菊，三更画舫穿藕花”。过了水仙祠，仍旧上了船，荡到历下亭的后面。两边荷叶荷花将船夹住，那荷叶初枯，擦的船嗤嗤价响；那水鸟被人惊起，格格价飞；那已老的莲蓬，不断的蹦到船窗里面来。老残随手摘了几个莲蓬，一面吃着，一面船已到了鹊华桥畔了。

到了鹊华桥，才觉得人烟稠密，也有挑担子的，也有推小车子的，也有坐二人抬小蓝呢轿子的。轿子后面，一个跟班的戴个红缨帽子，膀子底下夹个护书，拼命价奔，一面用手巾擦汗，一面低着头跑。街上五六岁的孩子不知避人，被那轿夫无意踢倒一个，他便哇哇的哭起。他的母亲赶忙跑来问：“谁碰倒你的？谁碰倒你的？”那个孩子只是哇哇的哭，并不说话。问了半天，才带哭说了一句道：“抬轿子的！”他母亲抬头看时，轿子早已跑的有二里多远了。那妇人牵了孩子，嘴里不住咕咕咕咕的骂着，就回去了。

老残从鹊华桥往南，缓缓向小布政司街走去。一抬头，见那墙上贴了一张黄纸，有一尺长，七八寸宽的光景。居中写着“说鼓书”三个大字，旁边一行小字是“二十四日明湖居”。那纸还未十分干，心知是方才贴的，只不知道这是什么事情，别处也没有见过这样招子。一路走着，一路盘算，只听得耳边有两个挑担子的说道："明儿白妞说书，我们可以不必做生意，来听书罢。"又走到街上、听铺子里柜台上有人说道："前次白妞说书是你告假的，明儿的书，应该我告假了。"一路行来，街谈巷议，大半都是这话，心里诧异道："白妞是何许人？说的是何等样书，为甚一纸招贴，便举国若狂如此？"信步走来，不知不觉已到高升店口。

进得店去，茶房便来回道："客人，用什么夜膳？"老残一一说过，就顺便问道："你们此地说鼓书是个什么玩意儿，何以惊动这么许多的人？"茶房说："客人，你不知道。这说鼓书本是山东乡下的土调，用一面鼓、两片梨花简，名叫'梨花大鼓'，演说些前人的故事。本也没甚稀奇，自从王家出了这个白妞、黑妞姐妹两个，这白妞名字叫做王小玉，此人是天生的怪物！她十二三岁时就学会了这说书的本事。她却嫌这乡下的调儿没什么出奇，她就常到戏园里看戏，所有什么西皮、二簧、梆子腔等唱，一听就会；什么余三胜、程长庚、张二奎等人的调子，她一听也就会唱。仗着她的喉咙，要多高有多高；她的中气，要多长有多长。她又把那南方的什么昆腔、小曲，种种的腔调，她都拿来装在这大鼓书的调儿里面。不过二三年工夫，创出这个调儿，竟至无论南北高下的人，听了她唱书，无不神魂颠倒。现在已有招子，明儿就唱。你不信，去听一听就知道了。只是要听还要早去，她虽是一点钟开唱，若到十点钟去，便没有座位的。”老残听了，也不甚相信。

次日六点钟起，先到南门内看了舜井。又出南门，到历山脚下，看看相传大舜昔日耕田的地方。及至回店，已有九点钟的光景。赶忙吃了饭，走到明湖居，才不过十点钟时候。那明湖居本是个大戏园子，戏台前有一百多张桌子。那知进了园门，园子里面已经坐的满满的了。只有中间七八张桌子还无人坐，桌子却都贴着“抚院定”、“学院定”等类红纸条儿。老残看了半天，无处落脚，只好袖子里送了看坐儿的二百个钱，才弄了一张短板凳，在人缝里坐下。看那戏台上，只摆了一张半桌，桌子上放了一面板鼓，鼓上放了两个铁片儿，心里知道这就是所谓梨花简了。旁边放了一个三弦子，半桌后面放了两张椅子，并无一个人在台上。偌大的个戏台，空空洞洞，别无他物，看了不觉有些好笑。园子里面，顶着篮子卖烧饼油条的有一二十个，都是为那不吃饭来的人买了充饥的。

到了十一点钟，只见门口轿子渐渐拥挤，许多官员都着了便衣，带着家人，陆续进来。不到十二点钟，前面几张空桌俱已满了，不断还有人来，看坐儿的也只是搬张短凳，在夹缝中安插。这一群人来了，彼此招呼，有打千儿的，有作揖的，大半打千儿的多。高谈阔论，说笑自如。这十几张桌子外，看来都是做生意的人，又有些像是本地读书人的样子，大家都喊喊喳喳的在那里说闲话。因为人太多了，所以说的什么话都听不清楚，也不去管他。

到了十二点半钟，看那台上，从后台帘子里面，出来一个男人。穿了一件蓝布长衫，长长的脸儿，一脸疙瘩，仿佛风干福橘皮似的，甚为丑陋，但觉得那人气味倒还沉静。出得台来，并无一语，就往半桌后面左手一张椅子上坐下。慢慢的将三弦子取来，随便和了和弦，弹了一两个小调，人也不甚留神去听。后来弹了一只大调，也不知道叫什么牌子。只是到后来，全用轮指，那抑扬顿挫，入耳动心，恍若有几十根弦，几百个指头在那里弹似的。这时台下叫好的声音不绝于耳，却也压不下那弦子去。这曲弹罢，就歇了手，旁边有人送上茶来。

停了数分钟时，帘子里面出来一个姑娘，约有十六七岁，长长鸭蛋脸儿，梳了一个抓髻，戴了一副银耳环，穿了一件蓝布外褂儿，一条蓝布裤子，都是黑布镶滚的。虽是粗布衣裳，倒十分洁净。来到半桌后面右手椅子上坐下。那弹弦子的便取了弦子，铮铮鏦鏦弹起。这姑娘便立起身来，左手取了梨花简，夹在指头缝里，便丁丁当当的敲，与那弦子声音相应。右手持了鼓捶子，凝神听那弦子的节奏。忽羯鼓一声，歌喉遽发，字字清脆，声声宛转，如新莺出谷，乳燕归巢，每句七字，每段数十句，或缓或急，忽高忽低。其中转腔换调之处，百变不穷，觉一切歌曲腔调俱出其下，以为观止矣。

旁座有两人，其一人低声问那人道："此想必是白妞了罢？"其一人道："不是。这人叫黑妞，是白妞的妹子。她的调门儿都是白妞教的，若比白妞，还不晓得差多远呢！她的好处人说得出，白妞的好处人说不出；她的好处人学得到，白妞的好处人学不到。你想，这几年来，好玩耍的谁不学她们的调儿呢？就是窑子里的姑娘，也人人都学，只是顶多有一两句到黑妞的地步。若白妞的好处，从没有一个人能及她十分里的一分的。"说着的时候，黑妞早唱完，后面去了。这时满园子里的人，谈心的谈心，说笑的说笑。卖瓜子、落花生、山里红、核桃仁的，高声喊叫着卖，满园子里听来都是人声。

正在热闹烘烘的时节，只见那后台里，又出来了一位姑娘，年纪约十八九岁，装束与前一个毫无分别。瓜子脸儿，白净面皮，相貌不过中人以上之姿，只觉得秀而不媚，清而不寒。半低着头出来，立在半桌后面，把梨花简叮当了几声。煞是奇怪，只是两片顽铁，到她手里，便有了五音十二律似的。又将鼓捶子轻轻的点了两下，方抬起头来，向台下一盼。那双眼睛，如秋水，如寒星，如宝珠，如白水银里头养着两丸黑水银，左右一顾一看，连那坐在远远墙角子里的人，都觉得王小玉看见我了，那坐得近的更不必说。就这一眼，满园子里便鸦雀无声，比皇帝出来还要静悄得多呢，连一根针跌在地下都听得见响！

王小玉便启朱唇，发皓齿，唱了几句书儿。声音初不甚大，只觉入耳有说不出来的妙境。五脏六腑里，像熨斗熨过，无一处不伏贴。三万六千个毛孔，像吃了人参果，无一个毛孔不畅快。唱了十数句之后，渐渐的越唱越高，忽然拔了一个尖儿，像一线钢丝抛入天际，不禁暗暗叫绝。哪知她于那极高的地方，尚能回环转折。几啭之后，又高一层，接连有三四叠，节节高起。恍如由傲来峰西面攀登泰山的景象，初看傲来峰削壁千仞，以为上与天通。及至翻到傲来峰顶，才见扇子崖更在傲来峰上。及至翻到扇子崖，又见南天门更在扇子崖上。越翻越险，越险越奇。

那王小玉唱到极高的三四迭后，陡然一落，又极力骋其千回百折的精神，如一条飞蛇在黄山三十六峰半中腰里盘旋穿插。顷刻之间，周匝数遍。从此以后，越唱越低，越低越细，那声音渐渐的就听不见了。满园子的人都屏气凝神，不敢少动。约有两三分钟之久，仿佛有一点声音从地底下发出。这一出之后，忽又扬起，像放那东洋烟火，一个弹子上天，随化作千百道五色火光，纵横散乱。这一声飞起，即有无限声音俱来并发。那弹弦子的亦全用轮指，忽大忽小，同她那声音相和相合，有如花坞春晓，好鸟乱鸣。耳朵忙不过来，不晓得听哪一声的为是。正在撩乱之际，忽听霍然一声，人弦俱寂。这时台下叫好之声，轰然雷动。

停了一会，闹声稍定，只听那台下正座上，有一个少年人，不到三十岁光景，是湖南口音，说道："当年读书，见古人形容歌声的好处，有那'余音绕梁，三日不绝'的话，我总不懂。空中设想，余音怎样会得绕梁呢？又怎会三日不绝呢？及至听了小玉先生说书，才知古人措辞之妙。每次听她说书之后，总有好几天耳朵里无非都是她的书，无论做什么事，总不入神，反觉得'三日不绝'，这'三日'二字下得太少，还是孔子'三月不知肉味'，'三月'二字形容得透彻些！"旁边人都说道："梦湘先生论得透辟极了！'于我心有戚戚焉'！"

说着，那黑妞又上来说了一段，底下便又是白妞上场。这一段，闻旁边人说，叫做"黑驴段"。听了去，不过是一个士子见一个美人，骑了一个黑驴走过去的故事。将形容那美人，先形容那黑驴怎样怎样好法，待铺叙到美人的好处，不过数语，这段书也就完了。其音节全是快板，越说越快。白香山诗云："大珠小珠落玉盘。"可以尽之。其妙处在说得极快的时候，听的人仿佛都赶不上听，她却字字清楚，无一字不送到人耳轮深处。这是她的独到，然比着前一段却未免逊一筹了。

这时不过五点钟光景，算计王小玉应该还有一段。不知那一段又是怎样好法，究竟如何，且听下回分解。

第八回

桃花山 月下遇虎

柏树峪 雪中访贤

话说老残听见店小二来告，说曹州府有差人来寻，心中甚为诧异："难道玉贤竟拿我当强盗待吗？"及至步回店里，见有一个差人，赶上前来请了一个安。手中提了一个包袱，提着放在旁边椅子上，向怀内取出一封信来，双手呈上，口中说道："申大老爷请铁老爷安！"老残接过信来一看，原来是申东造回寓，店家将狐裘送上，东造甚为难过，继思狐裘所以不肯受，必因与行色不符。因在估衣铺内选了一身羊皮袍子马褂，专差送来。并写明如再不收，便是绝人太甚了。

老残看罢，笑了一笑，就向那差人说："你是府里的差吗？"差人回说："是曹州府城武县里的壮班。"老残遂明白，方才店小二是漏掉下三字了。当时写了一封谢信，赏了来差二两银子盘费，打发去后，又住了两天。方知这柳家书，确系关锁在大箱子内，不但外人见不着，就是他族中人，亦不能得见。闷闷不乐，提起笔来，在墙上题一绝道：

沧苇遵王士礼居，艺芸精舍四家书。
一齐归入东昌府，深锁嫏嬛饱蠹鱼！

题罢，唏嘘了几声，也就睡了。暂且放下。

却说那日东造到府署禀辞，与玉公见面，无非勉励些"治乱世用重刑"的话头。他姑且敷衍几句，也就罢了。玉公端茶送出，东造回到店里，掌柜的恭恭敬敬将袍子一件、老残信一封，双手奉上。东造接来看过，心中悒悒不乐。适申子平在旁边，问道：“大哥何事不乐？”东造便将看老残身上着的仍是棉衣，故赠以狐裘，并彼此辩论的话述了一遍，道：“你看，他临走到底将这袍子留下，未免太矫情了！”子平道：“这事大哥也有点失于检点。我看他不肯，有两层意思，一则嫌这裘价值略重，未便遂受；二则他受了，也实无用处。断无穿狐皮袍子，配上棉马褂的道理。大哥既想略尽情谊，宜叫人去觅一套羊皮袍子、马褂，或布面子，或茧绸面子均可。差人送去，他一定肯收。我看此人并非矫饰作伪的人，不知大哥以为何如？”东造说：“很是，很是。你就叫人照样办去。”

子平一面办妥，差了个人送去，一面看着乃兄动身赴任。他就向县里要了车，轻车简从的向平阴进发。到了平阴，换了两部小车，推着行李，在县里要了一匹马骑着。不过一早晨，已经到了桃花山脚下。再要进去，恐怕马也不便。幸喜山口有个村庄，只有打地铺的小店，没法，暂且歇下。向村户人家雇了一条小驴，将马也打发回去了。打过尖，吃过饭，向山里进发。才出村庄，见面前一条沙河，有一里多宽，却都是沙，惟有中间一线河身，土人架了一个板桥，不过丈数长的光景。桥下河里虽结满了冰，还有水声，从那冰下潺潺的流，听着像似环佩摇曳的意思。知道是水流带着小冰，与那大冰相撞击的声音了。过了沙河，即是东峪。原来这山从南面迤逦北来，中间龙脉起伏，一时虽看不到，只是这左右两条大峪，就是两批长岭，冈峦重沓，到此相交。除中峰不计外，左边一条大溪河，叫东峪；右边一条大溪河，叫西峪。两峪里的水，在前面相会，并成一溪，左环右转，弯了三弯，才出溪口。出口后，就是刚才所过的那条沙河了。

子平进了山口，抬头看时，只见不远前面就是一片高山，像架屏风似的，迎面竖起，土石相间，树木丛杂。却当大雪之后，石是青的，雪是白的，树上枝条是黄的，又有许多松柏是绿的，一丛一丛，如画上点的苔一样。骑着驴，玩着山景，实在快乐得极，思想做两句诗，描摹这个景象。正在凝神，只听壳铎一声，觉得腿裆里一软，身子一摇，竟滚下山涧去了。幸喜这路本在涧旁走的，虽滚下去，尚不甚深。况且涧里两边的雪本来甚厚，只为面上结了一层薄冰，做了个雪的包皮。子平一路滚着，那薄冰一路破着，好像从有弹簧的褥子上滚下来似的。滚了几步，就有一块大石将他拦住，所以一点没有碰伤。连忙扶着石头，立起身来，哪知把雪倒戳了两个一尺多深的窟窿。看那驴子在上面，两只前蹄已经立起，两只后蹄还陷在路旁雪里，不得动弹。连忙喊跟随的人，前后一看，并那推行李的车子，影响俱无。

你道是什么缘故呢？原来这山路，行走的人本来不多，故那路上积的雪，比旁边稍为浅些，究竟还有五六寸深。驴子走来，一步步的不甚吃力。子平又贪看山上雪景，未曾照顾后面的车子，可知那小车轮子，是要压倒地上往前推的，所以积雪的阻力显得很大。一人推着，一人挽着，尚走得不快，本来去驴子已落后有半里多路了。

申子平陷在雪中，不能举步，只好忍着性子，等小车子到。约有半顿饭工夫，车子到了，大家歇下来想法子。下头人固上不去，上头的人也下不来。想了半天，说："只好把捆行李的绳子解下两根，接续起来，将一头放了下去。"申子平自己系在腰里，那一头，上边四五个人齐力收绳，方才把他吊了上来。跟随人替他把身上雪扑了又扑，然后把驴子牵来，重复骑上，慢慢的行。

这路虽非羊肠小道，然忽而上高，忽而下低，石头路径，冰雪一凉，异常的滑。自饭后一点钟起身，走到四点钟，还没有十里地。心里想道："听村庄上人说，到山集不过十五里地，然走了三个钟头，才走了一半。"冬天日头本容易落，况又是个山里，两边都有岭子遮着，越黑得快。一面走着，一面的算，不知不觉，那天已黑下来了。勒住了驴缰，同推车子商议道："看看天已黑下来了，大约还有六七里地呢，路又难走，车子又走不快，怎么好呢？"车夫道："那也没有法子，好在今儿是个十三日，月亮出得早，不管怎么，总要赶到集上去。大约这荒僻山径，不会有强盗，虽走晚些，倒也不怕他。"子平道："强盗虽没有，倘或有了，我也无多行李，很不怕他，拿就拿去，也不要紧。实在可怕的是豺狼虎豹，天晚了，倘若出来个把，我们就坏了。"车夫说："这山里虎倒不多，有神虎管着，从不伤人，只是狼多些。听见它来，我们都拿根棍子在手里，也就不怕它了。"

说着，走到一条横涧跟前，原是本山的一支小瀑布，流归溪河的。瀑布冬天虽然干了，那冲的一条山沟，尚有两丈多深，约有二丈多宽。当面隔住，一边是陡山，一边是深峪，更无别处好绕。

子平看见如此景象，心里不禁作起慌来，立刻勒住驴头，等那车子走到，说："可了不得！我们走岔了路，走到死路上了！"那车夫把车子歇下，喘了两口气，说："不能，不能！这条路影一顺来的，并无第二条路，不会差的。等我前去看看，该怎么走。"朝前走了几十步，回来说："路倒是有，只是不好走，你老下驴罢。"

子平下来，牵了驴，依着走到前面看时，原来转过大石，靠里有人架了一条石桥。只是此桥仅有两条石柱，每条不过一尺一二寸宽，两柱又不紧相黏靠，当中还罅着几寸宽一个空当儿，石上又有一层冰，滑溜滑溜的。子平道："可吓煞我了！这桥怎么过法？一滑脚就是死，我真没有这个胆子走！"车夫大家看了说："不要紧，我有法子。好在我们穿的都是蒲草毛窝，脚下很把滑的，不怕它。"一个人道："等我先走一趟试试。"遂跳窜跳窜的走过去了，嘴里还喊着："好走，好走！"立刻又走回来说："车子却没法推，我们四个人抬一辆，作两趟抬过去罢。"申子平道："车子抬得过去，我却走不过去。那驴子又怎样呢？"车夫道："不怕的，且等我们先把你老扶过去，别的你就不用管了。"子平道："就是有人扶着，我也是不敢走。告诉你说罢，我两条腿已经软了，哪里还能走路呢！"车夫说；"那么也有办法，你老大总睡下来，我们两个人抬头，两个人抬脚，把你老抬过去，何如？"子平说："不妥，不妥！"又一个车夫说："还是这样罢，解根绳子，你老拴在腰里，我们伙计，一个在前头，挽着一个绳头，一个伙计在后头，挽着一个绳头，这个样走，你老胆子一壮，腿就不软了。"子平说："只好这样。"于是先把子平照样扶掖过去，随后又把两辆车子抬了过去。倒是一个驴死不肯走，费了许多事，仍是把它眼睛蒙上，一个人牵，一个人打，才混了过去。

等到忙定归了，那满地已经都是树影子，月光已经很亮的了。

大家好容易将危桥走过，歇了一歇，吃了袋烟，再望前进。走了不过三四十步，听得远远呜呜的两声。车夫道：“虎叫！虎叫！”一头走着，一头留神听着。又走了数十步，车夫将车子歇下，说：“老爷，你别骑驴了，下来罢。听那虎叫，从西边来，越叫越近了，恐怕是要到这路上来。我们避一避罢，倘到了跟前，就避不及了。”说着，子平下了驴。车夫说：“咱们舍掉这个驴子喂它罢。”路旁有个小松，他把驴子缰绳拴在小松树上，车子就放在驴子旁边，人却倒回走了数十步，把子平藏在一处石壁缝里。车夫有躲在大石脚下，用些雪把身子遮了的。有两个车夫，盘在山坡高树枝上的，都把眼睛朝西面看着。

说时迟，那时快，只见西边岭上月光之下，窜上一个对象来。到了岭上，又是呜的一声。只见把身子往下一探，已经到了西涧边了，又是呜的一声。这里的人又是冷，又是怕，止不住格格价乱抖，还用眼睛看着那虎。那虎既到西涧，却立住了脚，眼睛映着月光，灼亮灼亮，并不朝着驴子看，却对着这几个人，又呜的一声，将身子一缩，对着这边扑过来了。这时候山里本来无风，却听得树梢上呼呼地响，树上残叶簌簌地落，人面上冷气棱棱地割。这几个人早已吓得魂飞魄散了。

大家等了许久，却不见虎的动静。还是那树上的车夫胆大，下来喊众人道：“出来罢！虎去远了。”车夫等人次第出来，方才从石壁缝里把子平拉出，已经吓得呆了。过了半天，方能开口说话，问道：“我们是死的是活的哪？”车夫道：“虎过去了。”子平道：“虎怎样过去的？一个人没有伤么？”那在树上的车夫道：“我看它从涧西沿过来的时候，只是一穿，仿佛像鸟儿似的，已经到了这边了。它落脚的地方，比我们这树梢还高着七八丈呢。落下来之后，又是一纵，已经到了这东岭上边，呜的一声向东去了。”

申子平听了，方才放下心来，说：“我这两只脚还是稀软稀软，立不起来，怎样是好？”众人道：“你老不是立在这里呢吗？”子平低头一看，才知道自己并不是坐着，也笑了，说道：“我这身子真不听我调度了。”于是众人搀着，勉强移步，走了约数十步，方才活动，可以自主。叹了一口气道：“命虽不送在虎口里，这夜里若再遇见刚才那样的桥，断不能过！肚里又饥，身上又冷，活冻也冻死了。”说着，走到小树旁边，看那驴子也是伏在地下，知是被那虎叫吓的如此。跟人把驴子拉起，把子平扶上驴子，慢慢价走。

转过一个石嘴，忽见前面一片灯光，约有许多房子，大家喊道："好了，好了！前面到了集镇了！"只此一声，人人精神震动。不但人行，脚下觉得轻了许多，即驴子亦不似从前畏难苟安的行动。

哪消片刻工夫，已到灯光之下。原来并不是个集镇，只有几家人家，住在这山坡之上。因山有高下，故看出如层楼叠榭一般。到此大家商议，断不再走，硬行敲门求宿，更无他法。

当时走近一家，外面系虎皮石砌的墙，一个墙门，里面房子看来不少，大约总有十几间的光景。于是车夫上前扣门，扣了几下，里面出来一个老者，须发苍然，手中持了一枝烛台，燃了一枝白蜡烛，口中问道："你们来做什么的？"

申子平急上前，和颜悦色的把原委说了一遍，说道："明知并非客店，无奈从人万不能行，要请老翁行个方便。"那老翁点点头，道："你等一刻，我去问我们姑娘去。"说着，门也不关，便进里面去了。子平看了，心下十分诧异："难道这家人家竟无家主吗？何以去问姑娘，难道是个女孩儿当家吗？"既而想道："错了，错了。想必这家是个老太太做主，这个老者想必是他的侄儿。姑娘者，姑母之谓也。理路甚是，一定不会错了。"

霎时，只见那老者随了一个中年汉子出来，手中仍拿烛台，说声"请客人里面坐"。原来这家，进了墙门就是一平五间房子，门在中间，门前台阶约十余级。中年汉子手持烛台，照着申子平上来。子平吩咐车夫等："在院子里略站一站，等我进去看了情形，再招呼你们。"

子平上得台阶，那老者立于堂中，说道："北边有个坦坡，叫他们把车子推了，驴子牵了，由坦坡进这房子来罢。"原来这是个朝西的大门。众人进得房来，是三间敞屋，两头各有一间，隔断了的。这敞屋北头是个炕，南头空着，将车子同驴安置南头，一众五人，安置在炕上。然后老者问了子平名姓，道："请客人里边坐。"于是过了穿堂，就是台阶。上去有块平地，都是栽的花木，映着月色，异常幽秀。且有一阵阵幽香，清沁肺腑。向北乃是三间朝南的精舍，一转俱是回廊，用带皮杉木做的栏柱。进得房来，上面挂了四盏纸灯，斑竹扎的，甚为灵巧。两间敞着，一间隔断，做个房间的样子。桌椅几案，布置极为妥协，房间挂了一幅褐色布门帘。

老看到房门口，喊了一声："姑娘，那姓申的客人进来了。"却看门帘掀起，里面出来一个十八九岁的女子。穿了一身布服，二蓝褂子，青布裙儿，相貌端庄莹静，明媚闲雅。见客福了一福，子平慌忙长揖答礼。女子说："请坐。"即命老者："赶紧的做饭，客人饿了。"老者退去。

那女子道："先生贵姓？来此何事？"子平便将

"奉家兄命特访刘仁甫"的话说了一遍。那女子道："刘先生当初就住这集东边的，现在已搬到柏树峪去了。"子平问："柏树峪在什么地方？"那女子道："在集西，有三十多里的光景。那边路比这边更僻，越加不好走了。家父前日退值回来，告诉我们说，今天有位远客来此，路上受了点虚惊。吩咐我们迟点睡，预备些酒饭，以便款待。并说：'简慢了尊客，千万不要见怪。'"子平听了，惊讶之至："荒山里面，又无衙署，有什么值日、退值？何以前天就会知道呢？这女子何以如此大方，岂古人所谓有林下风范的，就是这样吗？倒要问个明白。"

不知申子平能否察透这女子形迹，且听下回分解。

第九回

一客吟诗负手面壁　三人品茗促膝谈心

话说申子平正在凝思，此女子举止大方，不类乡人，况其父在何处退值？正欲诘问，只见外面帘子动处，中年汉子已端进一盘饭来。那女子道："就搁在这西屋炕桌上罢。"这西屋靠南窗原是一个砖砌的暖炕，靠窗设了一个长炕几，两头两个短炕几，当中一个正方炕桌，桌子三面好坐人的。西面墙上是个大圆月洞窗子，正中镶了一块玻璃，窗前设了一张书案。中堂虽未隔断，却是一个大落地罩。那汉子已将饭食列在炕桌之上，却只是一盘馒头，一壶酒，一罐小米稀饭，倒有四肴小菜，无非山蔬野菜之类，并无荤腥。女子道："先生请用饭，我少停就来。"说着，便向东房里去了。

子平本来颇觉饥寒，于是上炕先饮了两杯酒，随后吃了几个馒头。虽是蔬菜，却清香满口，比荤菜更为适用。吃过馒头，喝了稀饭，那汉子舀了一盆水来，洗过脸，立起身来，在房内徘徊徘徊，舒展肢体。抬头看见北墙上挂着四幅大屏，草书写得龙飞凤舞，出色惊人，下面却是双款：上写着"西峰柱史正非"，下写着"黄龙子呈稿"。草字虽不能全识，也可十得八九。仔细看去，原来是六首七绝诗，非佛非仙，咀嚼起来，倒也有些意味。既不是寂灭虚无，又不是铅汞龙虎。看那月洞窗下，书案上有现成的纸笔，遂把几首诗抄下来，预备带回衙门去，当新闻纸看。

你道是怎样个诗？请看，诗曰：

曾拜瑶池九品莲，希夷授我指元篇。
光阴荏苒真容易，回首沧桑五百年。
紫阳属和翠虚吟，传响空山霹雳琴。
刹那未除人我相，天花黏满护身云。
情天欲海足风波，渺渺无边是爱河。
引作园中功德水，一齐都种曼陀罗。
石破天惊一鹤飞，黑漫漫夜五更雷。
自从三宿空桑后，不见人间有是非。
野马尘埃昼夜驰，五虫百卉互相吹。
偷来鹫岭涅盘乐，换取壶公杜德机。
菩提叶老法华新，南北同传一点灯。
五百天童齐得乳，香花供奉小夫人。

子平将诗抄完，回头看那月洞窗外，月色又清又白，映着那层层叠叠的山，一步高一步的上去，真是仙境，迥非凡俗。此时觉得并无一点倦容，何妨出去上山闲步一回，岂不更妙。才要动脚，又想道："这山不就是我们刚才来的那山吗？这月不就是刚才踏的那月吗？为何来的时候，便那样的阴森惨淡，令人怵魄动心？此刻山月依然，何以令人心旷神怡呢？"就想到王右军说的："情随境迁，感慨系之矣。"真正不错。低徊了一刻，也想做两首诗，只听身后边娇滴滴的声音说道："饭用过了罢？怠慢得很。"慌忙转过头来，见那女子又换了一件淡绿印花布棉袄，青布大脚裤子，越显得眉似春山，眼如秋水。两腮浓厚，如帛裹朱，从白里隐隐透出红来，不似时下南北的打扮，用那胭脂涂得同猴子屁股一般。口颊之间若带喜笑，眉眼之际又颇似振矜，真令人又爱又敬。女子说道："何不请炕上坐，暖和些。"于是彼此坐下。

那老苍头进来，问姑娘道："申老爷行李放在什么地方呢？"姑娘说："太爷前日去时，吩咐就在这里间太爷榻上睡，行李不用解了。跟随的人都吃过饭了吗？你叫他们早点歇罢。驴子喂了没有？"苍头一一答应，说："都齐备妥协了。"姑娘又说："你煮茶来罢。"苍头连声应是。

子平道："尘俗身体，断不敢在此地下榻。来时见前面有个大炕，就同他们一道睡罢。"女子说："无庸过谦，此是家父吩咐的。不然，我一个山乡女子，也断不擅自迎客。"子平道："蒙惠过分，感谢已极。只是还不曾请教贵姓？尊大人是做何处的官，在何处值日？"女子道："敝姓涂氏。家父在碧霞宫上值，五日一班。合计半月在家，半月在宫。"

子平问道："这屏上诗是何人做的？看来只怕是个仙家罢？"女子道："是家父的朋友，常来此地闲谈，就是去年在此地写的。这个人也是个不衫不履的人，与家父最为相契。”子平道：“这人究竟是个和尚，还是个道士？何以诗上又像道家的话，又有许多佛家的典故呢？”女子道：“既非道士，又非和尚，其人也是俗装。他常说：‘儒、释、道三教，譬如三个铺面挂了三个招牌，其实都是卖的杂货，柴米油盐都是有的。不过儒家的铺子大些，佛、道的铺子小些，皆是无所不包的。’又说：‘凡道总分两层：一个叫道面子，一个叫道里子。道里子都是同的，道面子就各有分别了，如和尚剃了头，道士挽了个髻，叫人一望而知，那是和尚、那是道士。倘若叫那和尚留了头，也挽个髻子，披件鹤氅；道士剃了发，着件袈裟，人又要颠倒呼唤起来了。难道眼耳鼻舌不是那个用法吗？’又说：‘道面子有分别，道里子实是一样的。’所以这黄龙先生，不拘三教，随便吟咏的。”

子平道：“得闻至论，佩服已极，只是既然三教道里子都是一样，在下愚蠢得极，倒要请教这同处在什么地方？异处在什么地方？何以又有大小之分？儒教最大，又大在什么地方？敢求揭示。”女子道：“其同处在诱人为善，引人处于大公。人人好公，则天下太平；人人营私，则天下大乱。惟儒教公到极处，你看，孔子一生遇了多少异端？如长沮、桀溺、荷蓧丈人等类，均不十分佩服孔子，而孔子反赞扬他们不置，是其公处，是其大处。所以说：‘攻乎异端，斯害也已。’若佛、道两教，就有了褊心。惟恐后世人不崇奉他的教，所以说出许多天堂地狱的话来吓唬人。这还是劝人行善，不失为公。甚则说崇奉他的教，就一切罪孽消灭；不崇奉他的教，就是魔鬼入宫，死了必下地狱等辞，这就是私了。至于外国一切教门，更要力争教兴兵接战，杀人如麻。试问，与他的初心合不合呢？所以就越小了。若有的教说，为教战死的血光如玫瑰紫的宝石一样，更骗人到极处！只是儒教可惜失传已久，汉儒拘守章句，反遗大旨。到了唐朝，直没人提及。韩昌黎是个通文不通道的脚色，胡说乱道！他还要做篇文章，叫做《原道》，真正原到道反面去了！他说：‘君不出令，则失其为君；民不出粟、米、丝、麻以奉其上，则诛。’如此说去，那桀、纣很会出令的，又很会诛民的，然则桀、纣之为君是，而桀、纣之民全非了，岂不是是非颠倒吗？他却又要辟佛、老，倒又与和尚做朋友。所以后世学儒的人，觉得孔、孟的道理太费事，不如弄两句辟佛、老的口头禅，就算是圣人之徒，岂不省事。弄的朱夫子也出不了这个范围，只好据韩昌黎的《原道》去改孔子的《论语》，把那‘攻乎异端’的‘攻’字，百般扭捏，究竟总说不圆，却把孔、孟的儒教被宋儒弄的小而又小，以至于绝了！”

子平听说，肃然起敬道：“与君一夕话，胜读十年书，真是闻所未闻！只是还不懂，长沮、桀溺倒是异端，佛老倒不是异端，何故？”女子道：“皆是异端。先生要知‘异’字当不同讲，‘端’字当起头讲。‘执其两端’是说执其两头的意思。若‘异端’当邪教讲，岂不‘两端’要当桠杈教讲？‘执其两端’便是抓住了他个桠杈教呢，成何话说呀？圣人意思，殊途不妨同归，异曲不妨同工。只要他为诱人为善，引人为公起见，都无不可。所以叫做‘大德不逾闲，小德出入可也’。若只是为攻讦起见，初起尚只攻佛攻老，后来朱、陆异同，遂操同室之戈，并是祖孔、孟的，何以朱之子孙要攻陆，陆之子孙要攻朱呢？此之谓‘失其本心’，反被孔子‘斯害也已’四个字定成铁案！”

子平闻了，连连赞叹，说：“今日幸见姑娘，如对明师。但是宋儒错会圣人意旨的地方，也是有的，然其发明正教的功德，亦不可及。即如‘理’‘欲’二字，‘主敬’‘存诚’等字，虽皆是古圣之言。一经宋儒提出，后世实受惠不少，人心由此而正，风俗由此而醇。”那女子嫣然一笑，秋波流媚，向子平睇了一眼。子平觉得翠眉含娇，丹唇启秀，又似有一阵幽香，沁入肌骨，不禁神魂飘荡。那女子伸出一只白如玉、软如棉的手来，隔着炕桌子，握着子平的手。握住了之后，说道：“请问先生，这个时候，比你少年在书房里，贵业师握住你手‘扑作教刑’的时候何如？”子平默无以对。

女子又道：“凭良心说，你此刻爱我的心，比爱贵业师何如？圣人说：‘所谓诚其意者，毋自欺也。如恶恶臭，如好好色。’孔子说：‘好德如好色。’孟子说：‘食色，性也。’子夏说：‘贤贤易色。’这好色乃人之本性。宋儒要说好德不好色，非自欺而何？自欺欺人，不诚极矣！他偏要说‘存诚’，岂不可恨！圣人言情言礼，不言理欲。删《诗》以《关雎》为首，试问‘窈窕淑女，君子好逑’，‘求之不得’，至于‘辗转反侧’，难直可以说这是天理，不是人欲吗？举此可见圣人决不欺人处。《关雎》序上说道：‘发乎情，止乎礼义。’发乎情，是不期然而然的境界。即如今夕，嘉宾惠临，我不能不喜，发乎情也。先生来时，甚为困惫，又历多时，宜更惫矣，乃精神焕发，可见是很喜欢。如此，亦发乎情也。以少女中男，深夜对坐，不及乱言，止乎礼义矣，此正合圣人之道。若宋儒之种种欺人，口难罄述。然宋儒固多不是，然尚有是处。若今之学宋儒者，直乡愿而已，孔、孟所深恶而痛绝者也！”

话言未了，苍头送上茶来，是两个旧瓷茶碗，淡绿色的茶，才放在桌上，清香已竟扑鼻。只见那女子接过茶来，漱了一回口，又漱一回，都吐向炕池之内去，笑道：“今日无端谈到道学先生，令我腐臭之气，沾污牙齿，此后只许谈风月矣。”子平连声诺诺，却端起茶碗，呷了一口，觉得清爽异常。咽下喉去，觉得一直清到胃脘里，那舌根左右，津液汩汩价翻上来，又香又甜。连喝两口，似乎那香气又从口中反窜到鼻子上去，说不出来的好受，问道：“这是什么茶叶？为何这么好吃？”女子道：“茶叶也无甚出奇，不过本山上出的野茶，所以味是厚的。却亏了这水，是汲的东山顶上的泉。泉水的味，越高越美。又是用松花作柴，沙瓶煎的。三合其美，所以好了。尊处吃的都是外间卖的茶叶，无非种茶，其味必薄。又加以水火俱不得法，味道自然差的。”

只听窗外有人喊道：“玙姑，今日有佳客，怎不招呼我一声？”女子闻声，连忙立起，说：“龙叔，怎样这时候会来？”说着，只见那人已经进来，着了一件深蓝布百衲大棉袄，科头，不束带亦不着马褂。有五十来岁光景，面如渥丹，须髯漆黑，见了子平，拱一拱手，说：“申先生，来了多时了？”子平道：“到有两三个钟头了，请问先生贵姓？”那人道：“隐姓埋名，以黄龙子为号。”子平说：“万幸，万幸！拜读大作，已经许久。”女子道：“也上炕来坐罢。”黄龙子遂上炕，至炕桌里面坐下，说：“玙姑，你说请我吃笋的呢。笋在何处？拿来我吃。”玙姑道：“前些时倒想挖去的，偶然忘记，被滕六公占去了。龙叔要吃，自去找滕六公商量罢。”黄龙子仰天大笑。子平向女子道：“不敢冒犯，这‘玙姑’二字想必是大名罢？”女子道：“小名叫仲玙，家姐叫伯璠，故叔伯辈皆自小喊惯的。”

黄龙子向子平道：“申先生困不困？如其不困，今夜良会，可以不必早睡，明天迟迟起来最好。柏树峪地方，路极险峻，很不好走。又有这场大雪，路影看不清楚，跌下去有性命之忧。刘仁甫今天晚上检点行李，大约明日午牌时候，可以到集上关帝庙。你明天用过早饭动身，正好相遇了。”子平听说大喜，说道：“今日得遇诸仙，三生有幸。请教上仙诞降之辰，还是在唐在宋？”黄龙子又大笑道：“何以知之？”答：“尊作明说‘回首沧桑五百年’，可知断不止五六百岁了。”黄龙子道：“‘尽信书，则不如无书。’此鄙人之游戏笔墨耳。公直当《桃花源记》读可矣。”就举起茶杯，品那新茶。

玙姑见子平杯内茶已将尽，就持小茶壶代为斟满。子平连连欠身道：“不敢。”亦举起杯来详细品量。却听窗外远远唔了一声，那窗纸微觉飒飒价动，屋尘簌簌价落。想起方才路上光景，不觉毛骨森竦，勃然色变。黄龙道：“这是虎啸，不要紧的。山家看着此种物事，如你们城市中人看骡马一样，虽知它会踢人，却不怕它。因为相习已久，知它伤人也不是常有的事。山上人与虎相习，寻常人固避虎，虎也避人，故伤害人也不是常有的事，不必怕它。”

子平道：“听这声音，离此尚远，何以窗纸竟会震动，屋尘竟会下落呢？”黄龙道：“这就叫做虎威。因四面皆山，故气常聚，一声虎啸，四山皆应。在虎左右二三十里，皆是这样。虎若到了平原，就无这威势了。所以古人说，龙若离水，虎若离山，便要受人狎侮的。即如朝廷里做官的人，无论为了什么难，受了什么气，只是回家来对着老婆孩子发发标，在外边决不敢发半句硬话，也是不敢离了那个官。同那虎不敢去山，龙不敢失水的道理，是一样的。”

子平连连点头，说：“不错，是的。只是我还不明白，虎在山里，为何就有这大的威势，是何道理呢？”黄龙子道：“你没有念过《千字文》么？这就是‘空谷传声，虚堂习听’的道理。虚堂就是个小空谷，空谷就是个大虚堂。你在这门外放个大爆竹，要响好半天呢！所以山城的雷，比平原的响好几倍，也是这个道理。”说完，转过头来，对女子道：“玙姑，我多日不听你弹琴了，今日难得有嘉客在此，何妨取来弹一曲，连我也沾光听一回。”玙姑道：“龙叔，这是何苦来！我那琴如何弹得，惹人家笑话！申公在省城里，弹好琴的多着呢，何必听我们这个乡里迓鼓！倒是我去取瑟来，龙叔鼓一调瑟罢，还稀罕点儿。”黄龙子说：“也罢，也罢！就是我鼓瑟，你鼓琴罢，搬来搬去，也很费事，不如竟到你洞房里去弹罢！好在山家女儿，比不得衙门里小姐，房屋是不准人到的。”说罢，便走下炕来，穿了鞋子，持了烛，对子平挥手说：“请里面去坐，玙姑引路。”

玙姑果然下了炕，接烛先走，子平第二，黄龙第三。走过中堂，揭开了门帘，进到里间。是上下两个榻，上榻设了衾枕，下榻堆积着书画。朝东一个窗户，窗下一张方桌，上榻面前有个小门。玙姑对子平道：“这就是家父的卧室。”进了榻旁小门，仿佛回廊似的，却有窗轩，地下驾空铺的木板。向北一转，又向东一转，朝北朝东俱有玻璃窗。北窗看着离山很近，一片峭壁，穿空而上，朝下看，像甚深似的。正要前进，只听砰硼霍落几声，仿佛山倒下来价响，脚下震震摇动，子平吓得魂不附体。

未知后事如何，且听下回分解。

第十回

骊龙双珠光照琴瑟
犀牛一角声叶箜篌

话说子平听得天崩地塌价一声，脚下震震摇动，吓得魂不附体，怕是山倒下来。黄龙子在身后说道："不怕的，这是山上的冻雪被泉水漱空了，滚下一大块来，夹冰夹雪，所以有这大的声音。"说着，又朝向北一转，便是一个洞门。这洞不过有两间房大，朝外半截窗台，上面安着窗户。其余三面俱斩平雪白，顶是圆的，像城门洞的样子。洞里陈设甚简，有几张树根的坐具，却是七大八小的不匀，又都是磨得绢光。几案也全是古藤天生的，不方不圆，随势制成。东壁横了一张枯槎独睡榻子，设着衾枕。榻旁放了两三个黄竹箱子，想必是盛衣服什物的了。洞内并无灯烛，北墙上嵌了两个滴圆夜明珠，有巴斗大小，光色发红，不甚光亮。地下铺着地毯，甚厚软，微觉有声。榻北立了一个曲尺形书架，放了许多书，都是草订，不曾切过书头的。双夜明珠中间挂了几件乐器，有两张瑟、两张琴，是认得的，还有些不认得的。

玙姑到得洞里，将烛台吹熄，放在窗户台上。方才坐下，只听外面唔唔价七八声，接连又许多声，窗纸却不震动。子平说道："这山里怎样这么多的虎？"玙姑笑道："乡里人进城，样样不识得，被人家笑话。你城里人下乡，却也是样样不识得，恐怕也有人笑你。"子平道："你听，外面唔唔价叫的，不是虎吗？"玙姑说："这是狼嗥，虎哪有这么多呢？虎的声音长，狼的声音短，所以虎名为‘啸’，狼名为‘嗥’。古人下字眼都是有斟酌的。”

黄龙子移了两张小长几，摘下一张琴、一张瑟来。玙姑也移了三张凳子，让子平坐了一张。彼此调了一调弦，同黄龙各坐了一张凳子。弦已调好，玙姑与黄龙商酌了两句，就弹起来了。初起不过轻挑漫剔，声响悠柔，一段以后，散泛相错，其声清脆，两段以后，吟揉渐多。那瑟之勾挑夹缝中，与琴之绰注相应，粗听若弹琴鼓瑟，各自为调，细听则如珠鸟一双，此唱彼和，问来答往。四五段以后，吟揉渐少，杂以批拂，苍苍凉凉，磊磊落落，下指甚重，声韵繁兴。六七八段，间以曼衍，愈转越清，其调越逸。

子平本会弹十几调琴，所以听得入彀，因为瑟是未曾听过，格外留神。哪知瑟的妙用也在左手，看她右手发声之后，那左手进退揉颤，其余音也就随着猗猗靡靡，真是闻所未闻。初听还在算计她的指法、调头，既而便耳中有音，目中无指。久之，耳目俱无，觉得自己的身体飘飘荡荡，如随长风，浮沉于云霞之际。久之又久，心身俱忘，如醉如梦。于恍惚杳冥之中，铮钬数声，琴瑟俱息，乃通见闻，人亦警觉。欠身而起，说道：“此曲妙到极处！小子也曾学弹过两年，见过许多高手。从前听过孙琴秋先生弹琴，有《汉宫秋》一曲，似为绝非凡响，与世俗的不同。不想今日得闻此曲，又高出孙君《汉宫秋》数倍，请教叫什么曲名？有谱没有？”玙姑道：“此曲名叫《海水天风之曲》，是从来没有谱的。不但此曲为尘世所无，即此弹法亦山中古调，非外人所知。你们所弹的皆是一人之曲，如两人同弹此曲，则彼此宫商皆合而为一。如彼宫，此亦必宫；彼商，此亦必商，断不敢为羽为徵。即使三四人同鼓，也是这样，实是同奏，并非合奏。我们所弹的曲子，一人弹与两人弹，迥乎不同。一人弹的，名‘自成之曲’；两人弹，则为‘合成之曲’。所以此宫彼商，彼角此羽，相协而不相同。圣人所谓‘君子和而不同’，就是这个道理。‘和’之一字，后人误会久矣。”

当时玙姑立起身来，向西壁有个小门，开了门，对着大声喊了几句，不知甚话，听不清楚。看黄龙子亦立起身，将琴瑟悬在壁上。子平于是也立起，走到壁间，仔细看那夜明珠到底什么样子，以便回去夸耀于人。及走至珠下，伸手一摸，那夜明珠却甚热，有些烙手，心里诧异道：“这是什么道理呢？”看黄龙子琴瑟已俱挂好，即问道：“先生，这是什么？”笑答道：“骊龙之珠，你不认得吗？”问：“骊珠怎样会热呢？”答：“这是火龙所吐的珠，自然热的。”子平说：“火龙珠哪得如此一样大的一对呢？虽说是火龙，难道永远这么热么？”笑答道：“然则我说的话，先生有不信的意思了。既不信，我就把这热的道理开给你看。”说着，便向那夜明珠的旁边有个小铜鼻子一拔，那珠子便像一扇门似的张开来了。原来是个珠壳，里面是很深的油池，当中用棉花线卷的个灯心，外面用千层纸做的个灯筒，上面有个小烟囱，从壁子上出去，上头有许多的黑烟，同洋灯的道理一样，却不及洋灯精致，所以不免有黑烟上去，看过也就笑了。再看那珠壳，原来是用大螺蚌壳磨出来的，所以也不及洋灯光亮。

子平道：“与其如此，何不买个洋灯，岂不省事呢？”黄龙子道：“这山里哪有洋货铺呢？这油就是前山出的，与你们点的洋油是一样对象。只是我们不会制造，所以总嫌它浊，光也不足，所以把它嵌在壁子里头。”说过便将珠壳关好，依旧是两个夜明珠。

子平又问：“这地毯是什么做的呢？”答：“俗名叫做‘蓑草’。因为可以做蓑衣用，故名。将这蓑草半枯时，采来晾干，劈成细丝，和麻织成的。这就是玙姑的手工。山地多潮湿，所以先用云母铺了，再加上这蓑毯，人就不受病了。这壁上也是云母粉和着红色胶泥涂的，既御潮湿，又避寒气，却比你们所用的石灰好得多呢！”

子平又看，壁上悬着一物，像似弹棉花的弓，却安了无数的弦，知道必是乐器，就问："叫甚名字？"黄龙子道："名叫'箜篌'。"用手拨拨，也不甚响，说道："我们从小读诗，题目里就有《箜篌引》，却不知道是这样子。请先生弹两声，以广见闻，何如？"黄龙子道："单弹没有什么意味。我看时候何如，再请一个客来就行了。"走至窗前，朝外一看月光，说："此刻不过亥正，恐怕桑家姐妹还没有睡呢，去请一请看。"遂向玙姑道："申公要听箜篌，不知桑家阿扈能来不能？"玙姑道："苍头送茶来，我叫他去问声看。"于是又各坐下。苍头捧了一个小红泥炉子，外一个水瓶子，一个小茶壶，几个小茶杯，安置在矮脚几上。玙姑说："你到桑家，问扈姑、胜姑能来不能？"苍头诺声去了。

此时三人在靠窗个梅花几旁坐着。子平靠窗台甚近，玙姑取茶布与二人，大家静坐吃茶。子平看窗台上有几本书，取来一看，面子上题了四个大字，曰"此中人语"。揭开来看，也有诗，也有文，惟长短句子的歌谣最多，俱是手录，字迹娟好。看了几首，都不甚懂。偶然翻得一本，中有张花笺，写着四首四言诗，是个单张子，想要抄下，便向玙姑道："这纸我想抄去，可以不可以？"玙姑拿过去看了看，说："你喜欢，拿去就是了。"

子平接过来，再细看，上写道：

《银鼠谚》

东山乳虎，迎门当户；明年食麝，悲生齐鲁。—— 一解

残骸狼藉，乳虎乏食；飞腾上天，立豕当国。—— 二解

乳虎斑斑，雄据西山；亚当孙子，横被摧残。—— 三解

四邻震怒，天眷西顾；豗豕殪虎，黎民安堵。—— 四解

子平看了又看，说道："这诗仿佛古歌谣，其中必有事迹，请教一二。"黄龙子道："既叫做'此中人语'，必不能'为外人道'可知矣。阁下静候数年便会知悉。"玙姑道："'乳虎'就是你们玉太尊，其余你慢慢的揣摹，也是可以知道的。"子平会意，也就不往下问了。

其时远远听有笑语声。一息工夫，只听回廊上格登格登，有许多脚步儿响，顷刻已经到了面前。苍头先进，说："桑家姑娘来了。"黄、玙皆接上前去。子平亦起身植立。只见前面的一个约有二十岁上下，着的是紫花袄子，紫地黄花，下着燕尾青的裙子，头上倒梳云髻，挽了个坠马妆。后面的一

个约有十三四岁，着了个翠蓝袄子，红地白花的裤子，头上正中挽了髻子，插了个慈菇叶子似的一枝翠花，走一步颤巍巍的。进来彼此让了坐。

玙姑介绍，先说："这是城武县申老父台的令弟，今日赶不上集店，在此借宿。适值龙叔也来，彼此谈得高兴，申公要听箜篌，所以有劳两位芳驾。搅破清睡，罪过得很！"两人齐道："岂敢，岂敢。只是下里之音，不堪入耳。"黄龙说："也无庸过谦了。"

玙姑随又指着年长着紫衣的，对子平道："这位是扈姑姐姐。"指着年幼着翠衣的道："这位是胜姑妹子。都住在我们这紧邻，平常最相得的。"子平又说了两句客气的套话，却看那扈姑，丰颊长眉，眼如银杏，口辅双涡，唇红齿白。于艳丽之中，有股英俊之气。那胜姑幽秀俊俏，眉目清爽。苍头进前，取水瓶，将茶壶注满，将清水注入茶瓶，即退出去。玙姑取了两个盏子，各敬了茶。黄龙子说："天已不早了，请起手罢。"

玙姑于是取了箜篌，递给扈姑，扈姑不肯接手，说道："我弹箜篌，不及玙妹。我却带了一支角来，胜妹也带得铃来了，不如竟是玙姑弹箜篌，我吹角，胜妹摇铃，岂不大妙？"黄龙道："甚善，甚善，就是这么办！"扈姑又道："龙叔做什么呢？"黄龙道："我管听。"扈姑道："不害膘，稀罕你听！龙吟虎啸，你就吟罢。”黄龙道：“水龙才会吟呢！我这个田里的龙，只会潜而不用。”玙姑说：“有了法子了。”即将箜篌放下，跑到靠壁几上，取过一架特磬来，放在黄龙面前，说：“你就半啸半击磬，帮衬帮衬音节罢！”

扈姑遂从襟底取出一支角来，光彩夺目，如元玉一般，先缓缓的吹起。原来这角上面有个吹孔，旁边有六七个小孔，手指可以按放，亦复有宫商徵羽，不似巡街兵吹的海螺只是呜呜价叫。听那角声，吹得呜咽顿挫，其声悲壮。当时玙姑已将箜篌取在膝上，将弦调好，听那角声的节奏。胜姑将小铃取出，左手撳了四个，右手撳了三个，亦凝神看着扈姑。只见扈姑角声一阕将终，胜姑便将两手七铃同时取起，商商价乱摇。

铃起之时，玙姑已将箜篌举起，苍苍凉凉，紧钩漫摘，连批带拂。铃声已止，箜篌丁东断续，与角声相和，如狂风吹沙，屋瓦欲震。那七个铃便不一齐都响，亦复参差错落，应机赴节。

这时黄龙子隐几仰天，撮唇齐口，发啸相和。尔时，喉声、角声、弦声、铃声俱分辨不出。耳中但听得风声、水声、人马蹙踏声、旌旗熠耀声、干戈击轧声、金鼓薄伐声。约有半小时，黄龙举起磬击子来，在磬上铿铿锵锵的乱击，协律谐声，乘虚蹈隙。其时箜篌渐稀，角声渐低，惟余清磬，铮钬未已。少息，胜姑起立，两手笔直，乱铃再摇，众乐皆息。子平起立拱手道："有劳诸位，感戴之至。"众人俱道："见笑了。"子平道："请教这曲叫什么名头，何以颇有杀伐之声？"黄龙道："这曲叫《枯桑引》，又名《胡马嘶风曲》，乃军阵乐也。凡箜篌所奏，无和平之音，多半凄清悲壮。其至急者，可令人泣下。"

谈心之顷，各人已将乐器送还原位，复行坐下。扈姑对玙姑道："璠姐怎样多日未归？"玙姑道："大姐姐因外甥子不舒服，闹了两个多月了，所以不曾来得。"胜姑说："小外甥子什么病？怎么不赶紧治呢？"玙姑道："可不是么？小孩子淘气，治好了，他就乱吃，所以又发，已经发了两次了。何尝不替他治呢！"又说了许多家常话，遂立起身来，告辞去了。子平也立起身来，对黄龙说："我们也前面坐罢，此刻怕有子正的光景，玙姑娘也要睡了。"

说着，同向前面来，仍从回廊行走。只是窗上已无月光。窗外峭壁，上半截雪白烁亮，下半截已经乌黑，是十三日的月亮，已经大歪西了。走至东房，玙姑道："二位就在此地坐罢，我送扈、胜姐姐出去。"到了堂屋，扈、胜也说："不用送了，我们也带了个苍头来，在前面呢。"听他们又喁喁哝哝了好久，玙姑方回。黄龙说："你也回罢，我还坐一刻呢。”玙姑也就告辞回洞，说：“申先生就在榻上睡罢，失陪了。”

玙姑去后，黄龙道：“刘仁甫却是个好人，然其病在过真，处山林有余，处城市恐不能久。大约一年的缘分，你们是有的。过此一年之后，局面又要变动了。”子平问：“一年之后是什么光景？”答：“小有变动。五年之后，风潮渐起。十年之后，局面就大不同了。”子平问：“是好是坏呢？”答：“自然是坏。然坏即是好，好即是坏；非坏不好，非好不坏。”子平道：“这话我真正不懂了。好就是好，坏就是坏。像先生这种说法，岂不是好坏不分了吗？务请指示一二。不才往常见人读佛经，什么‘色即是空，空即是色’，这种无理之口头禅，常觉得头昏脑闷。今日遇见先生，以为如拨云雾见了青天，不想又说出这套懵懂话来，岂不令人闷煞？”

黄龙子道：“我且问你，这个月亮，十五就明了，三十就暗了，上弦下弦就明暗各半了，那初三四里的月亮只有一牙，请问它怎么便会慢慢地长满了呢？十五以后怎么慢慢地又会烂掉了呢？”子平道：“这个理容易明白，因为月球本来无光，受太阳的光，所以朝太阳的半个是明的，背太阳的半个是暗的。初三四，月身斜对太阳，所以人眼看见的正是三分明、七分暗，就像一牙似的。其实月球并无分别，只是半个明、半个暗，盈亏圆缺，都是人眼睛现出来的景相，与月球毫不相干。”

黄龙子道：“你既明白这个道理，应须知道好即是坏，坏即是好，同那月球的明暗，是一个道理。”子平道：“这个道理实不能同。月球虽无圆缺，实有明暗。因永远是半个明的，半个暗的，所以明的半边朝人，人就说月圆了；暗的半边朝人，人就说月黑了。初八、二十三，人正对它侧面，所以觉得半明半暗，就叫做上弦、下弦。因人所看的方面不同，唤做个盈亏圆缺。若在二十八九，月亮全黑的时候，人若能飞到月球上边去看，自然仍是明的。这就是明暗的道理，我们都懂得的。然究竟半个明的、半个暗的，是一定不移的道理。半个明的终久是明，半个暗的终久是暗。若说暗即是明，明即是暗，理性总不能通。”

正说得高兴，只听背后有人道：“申先生，你错了。”毕竟此人是谁，且听下回分解。

第十一回

疫鼠传殃成害马
瘈犬流灾化毒龙

却说申子平正与黄龙子辨论，忽听背后有人喊道："申先生，你错了。"回头看时，却原来正是玙姑。业已换了装束，仅穿一件花布小袄，小脚裤子，露出那六寸金莲，着一双灵芝头扱鞋，越显得聪明俊俏。那一双眼珠儿，黑白分明，都像透水似的。申子平连忙起立，说："玙姑还没有睡吗？"玙姑道："本待要睡，听你们二位谈得高兴，故再来听二位辩论，好长点学问。"子平道："不才哪敢辩论！只是性质愚鲁，一时不能澈悟，所以有劳黄龙先生指教。方才姑娘说我错了，请指教一二。"

玙姑道："先生不是不明白，是没有多想一想。大凡人都是听人家怎样说，便怎样信，不能达出自己的聪明。你方才说月球半个明的，终久是明的。试思月球在天，是动的呢，是不动的呢？月球绕地是人人都晓得的。既知道它绕地，则不能不动，即不能不转，是很明显的道理了。月球既转，何以对着太阳的一面永远明呢？可见月球全身都是一样的质地，无论转到那一面，凡对太阳的总是明的了。由此可知，无论其为明为暗，其于月球本体，毫无增减，亦无生灭。其理本来易明，都被宋以后的三教子孙挟了一肚子欺人自欺的心去做经注，把那三教圣人的精义都注歪了。所以天降奇灾，北拳南革，要将历代圣贤一笔抹煞，此也是自然之理，不足为奇的事。不生不死，不死不生；即生即死，即死即生，哪里会错过一丝毫呢？”

申子平道：“方才月球即明即暗的道理，我方有二分明白，今又被姑娘如此一说，又把我送到‘酱糊缸’里去了。我现在也不想明白这个道理了，请二位将那五年之后风潮渐起，十年之后就大不同的情形，开示一二。”

黄龙子道：“三元甲子之说，阁下是晓得的。同治三年甲子，是上元甲子第一年，阁下想必也是晓得的？”子平答应一声道：“是。”黄龙子又道：“此一个甲子与以前三个甲子不同，此名为‘转关甲子’。此甲子，六十年中要将以前的事全行改变。同治十三年，甲戌，为第一变；光绪十年，甲申，为第二变；甲午，为第三变；甲辰，为第四变；甲寅，为第五变：五变之后，诸事俱定。若是咸丰甲寅生人的人，活到八十岁，这六甲变态都是亲身阅历，倒也是个极有意味的事。”

子平道：“前三甲的变动，不才大概也都见过了。大约甲戌穆宗毅皇帝上升，大局为之一变：甲申为法兰西福建之役、安南之役，大局又为之一变；甲午为日本侵我东三省，俄、德出为调停，借收渔翁之利，大局又为之一变，此都已知道了。请问后三甲的变动如何？”

黄龙子道：“这就是北拳南革了。北拳之乱，起于戊子，成于甲午，至庚子，子午一冲而爆发，其兴也勃然，其灭也忽然，北方之强也。其信从者，上自宫闱，下至将相而止，主义为压汉。南革之乱，起于戊戌，成于甲辰，至庚戌，辰戌一冲而爆发，然其兴也渐进，其灭也潜消，南方之强也。其信从者，下自士大夫，上亦至将相而止，主义为逐满。此二乱党，皆所以酿劫运，亦皆所以开文明也。北拳之乱，所以渐渐逼出甲辰之变法；南革之乱，所以逼出甲寅之变法。甲寅之后文明大著，中外之猜嫌，满、汉之疑忌，尽皆销灭。魏真人《参同契》所说，'元年乃芽滋'，指甲辰而言。辰属土，万物生于土，故甲辰以后为文明芽滋之世，如木之坼甲，如笋之解箨。其实满目所见者，皆木甲竹箨也，而真苞已隐藏其中矣。十年之间，箨甲渐解，至甲寅而齐。寅属木，为花萼之象。甲寅以后为文明华敷之世，虽灿烂可观，尚不足与他国齐趋并驾。直至甲子，为文明结实之世，可以自立矣。然后由欧洲新文明进而复我三皇五帝旧文明，进于大同之世矣。然此事尚远，非三五十年事也。"

子平听得欢欣鼓舞，因又问道："像这北拳南革，这些人究竟是何因缘？天为何要生这些人？先生是明道之人，正好请教。我常是不明白，上天有好生之德，天既好生，又是世界之主宰，为什么又要生这些恶人做什么呢？俗语话岂不是'瞎倒乱'

吗？”黄龙子点头长叹，默无一言。稍停，问子平道：“你莫非以为上帝是尊无二上之神圣吗？”子平答道：“自然是了。”黄龙摇头道：“还有一位尊者，比上帝还要了得呢！”

子平大惊，说道：“这就奇了！不但中国自有书籍以来，未曾听得有比上帝再尊的，即环球各国亦没有人说上帝之上更有哪一位尊神的。这真是闻所未闻了！”黄龙子道：“你看过佛经，知道阿修罗王与上帝争战之事吗？”子平道：“那却晓得，然我实不信。”

黄龙子道：“这话不但佛经上说，就是西洋各国宗教家，也知道有魔王之说。那是丝毫不错的。须知阿修罗隔若干年便与上帝争战一次，末后总是阿修罗败，再过若干年，又来争战。试问，当阿修罗战败之时，上帝为什么不把他灭了呢，等他过若干年，又来害人？不知道他害人，是不智也；知道他害人而不灭之，是不仁也。岂有个不仁不智之上帝呢？足见上帝的力量是灭不动他，可想而知了。譬如两国相战，虽有胜败之不同，彼一国即不能灭此一国，又不能使此一国降伏为属国，虽然战胜，则两国仍为平等之国。这是一定的道理，上帝与阿修罗亦然。既不能灭之，又不能降伏之，惟吾之命是听，则阿修罗与上帝便为平等之国。而上帝与阿修罗又皆不能出这位尊者之范围。所以晓得这位尊者，位分实在上帝之上。”

子平忙问道：“我从未听说过！请教这位尊者是何法号呢？”黄龙子道：“法号叫做‘势力尊者’。势力之所至，虽上帝亦不能违拗他。我说个比方给你听：上天有好生之德，由冬而春，由春而夏，由夏而秋，上天好生的力量已用足了。你试想，若夏天之树木、百草、百虫无不满足的时候，若由着他老人家性子再往下去好生，不要一年，这地球便容不得了，又到哪里去找块空地容放这些物事呢？所以就让这霜雪寒风出世，拼命的一杀，杀得干干净净的，再让上天来好生。这霜雪寒风就算是阿修罗的部下了，又可知这一生一杀都是‘势力尊者’的作用。此尚是粗浅的比方，不甚的确。要推其精义，有非一朝一夕所能算得尽的。”

玙姑听了，道：“龙叔，今朝何以发出这等奇辟的议论？不但申先生未曾听说，连我也未曾听说过。究竟还是真有个‘势力尊者’呢，还是龙叔的寓言？”黄龙子道：“你且说是有一个上帝没有？如有一个上帝，则一定有一个‘势力尊者’。要知道上帝同阿修罗都是‘势力尊者’的化身。”玙姑拍掌大笑道：“我明白了！‘势力尊者’就是儒家说的个‘无极’，上帝同阿修罗王合起来就是个‘太极’！对不对呢？”黄龙子道：“是的，不错。”申子平亦欢喜起立，道：“被玙姑这一讲，连我也明白了！”

黄龙子道：“且慢。是却是了，然而被你们这一讲，岂不上帝同阿修罗都成了宗教家的寓言了吗？若是寓言，就不如竟说‘无极’、‘太极’的妥当。要知上帝同阿修罗乃实有其人、实有其事，且等我慢慢讲与你听。——不懂这个道理，万不能明白那北拳南革的根源。将来申先生庶几不至于搅到这两重恶障里去。就是玙姑，道根尚浅，也该留心点为是。

“我先讲这个‘势力尊者’，即主持太阳宫者是也。环绕太阳之行星皆凭这个太阳为主动力。由此可知，凡属这个太阳部下的势力总是一样，无有分别。又因这感动力所及之处与那本地的应动力相交，生出种种变相，莫可纪述。所以各宗教家的书总不及儒家的《易经》为最精妙。《易经》一书专讲爻象，何以谓之爻象？你且看这‘爻’字。”乃用手指在桌上画，道：“一撇一捺，这是一交；又一撇一捺，这又是一交。天上天下一切事理尽于这两交了，初交为正，再交为变，一正一变，互相乘除，就没有纪极了。这个道理甚精微，他们算学家略懂得一点。算学家说同名相乘为‘正’。异名相乘为‘负’，无论你加减乘除，怎样变法，总出不了这‘正’、‘负’两个字的范围。所以‘季文子三思而后行’，孔子说‘再思可矣’，只有个再，没有个三。

“话休絮聒，我且把那北拳南革再演说一番。这拳譬如人的拳头，一拳打去，行就行，不行就罢了，没甚要紧。然一拳打得巧时，也会送了人的性命。倘若躲过去，也就没事。将来北拳的那一拳，也几乎送了国家的性命，煞是可怕！然究竟只是一拳，容易过的。若说那革呢，革是个皮，即如马革牛革，是从头到脚无处不包着的。莫说是皮肤小病，要知道浑身溃烂起来，也会致命的。只是发作的慢，若留心医治，也不至于有害大事。惟此‘革’字上应卦象，不可小觑了他。诸位切忌，若搅入他的党里去，将来也是跟着溃烂，送了性命的！

“小子且把‘泽火革’卦演说一番，先讲这‘泽’字。山泽通气，泽就是溪河，溪河里不是水吗？《管子》说：‘泽下尺，升上尺。’常云：‘恩泽下于民。’这‘泽’字不明明是个好字眼吗？为什么‘泽火革’便是个凶卦呢？偏又有个‘水火既济’的个吉卦放在那里，岂不令人纳闷？要知这两卦的分别就在‘阴’、‘阳’二字上。坎水是阳水，所以就成个‘水火既济’，吉卦；兑水是阴水，所以成了个‘泽火革’，凶卦。坎水阳德，从悲天悯人上起的，所以成了个既济之象；兑水阴德，从愤懑嫉妒上起的，所以成了个革象。你看，《彖辞》上说道：‘泽火革，二女同居，其志不相得。’你想，人家有一妻一妾，互相嫉妒，这个人家会兴旺吗？初起总想独据一个丈夫，及至不行，则破败主义就出来了。因爱丈夫而争，既争之后，虽损伤丈夫也不顾了。再争，则破丈夫之家也不顾了。再争，则断送自己性命也不顾了，这叫做妒妇之性质。圣人只用‘二女同居，其志不相得’两句，把这南革诸公的小像直画出来，比那照相照得还要清爽。

“那些南革的首领，初起都是官商人物，并都是聪明出众的人才。因为所秉的是妇女阴水嫉妒性质，只知有己，不知有人，所以在世界上就不甚行得开了。由愤懑生嫉妒，由嫉妒生破坏。这破坏岂是一人做得的事呢！于是同类相呼，‘水流湿，火就燥’，渐渐的越聚越多，钩连上些人家的败类子弟，一发做得如火如荼。其已得举人、进士、翰林、部曹等官的呢，就谈朝廷革命；其读书不成，无着子弟，就学两句爱皮西提衣或阿衣乌爱窝，便谈家庭革命。一谈了革命，就可以不受天理国法人情的拘束，岂不大痛快呢？可知太痛快了不是好事，吃得痛快，伤食；饮得痛快，病酒。今者，不管天理、不畏国法、不近人情，放肆做去。这种痛快不有人灾，必有鬼祸，能得长久吗？”

玙姑道：“我也常听父亲说起，现在玉帝失

权，阿修罗当道。然则这北拳南革都是阿修罗部下的妖魔鬼怪了？”黄龙子道：“那是自然，圣贤仙佛，谁肯做这些事呢？”

子平问道：“上帝何以也会失权？”黄龙子道：“名为‘失权’，其实只是‘让权’，并‘让权’二字，还是假名。要论其实在，只可以叫做‘伏权’。譬如秋冬的肃杀，难道真是杀吗？只是将生气伏一伏，蓄点力量，做来年的生长。道家说道：‘天地不仁，以万物为刍狗；圣人不仁，以百姓为刍狗。’又云：‘取已陈之刍狗而卧其下，必眯。’春夏所生之物，当秋冬都是已陈之刍狗了，不得不洗刷一番，我所以说是‘势力尊者’的作用。上自三十三天，下至七十二地，人非人等，共总只有两派：一派讲公利的，就是上帝部下的圣贤仙佛；一派讲私利的，就是阿修罗部下的鬼怪妖魔。”

申子平道：“南革既是破败了天理国法人情，何以还有人信服他呢？”黄龙子道：“你当天理国法人情是到南革的时代才破败吗？久已亡失的了！《西游记》是部传道的书，满纸寓言。他说那乌鸡国王现坐着的是个假王，真王却在八角琉璃井内。现在的天理国法人情就是坐在乌鸡国金銮殿上的个假王，所以要借着南革的力量，把这假王打死，然后慢慢地从八角琉璃井内把真王请出来。等到真天理国法人情出来，天下就太平了。”

子平又问："这真假是怎样个分别呢？"黄龙子道："《西游记》上说着呢：叫太子问母后，便知道了。母后说道：'三年之前温又暖，三年之后冷如冰。'这'冷'、'暖'二字便是真假的凭据。其讲公利的人，全是一片爱人的心，所以发出来是口暖气；其讲私利的人，全是一片恨人的心，所以发出来是口冷气。

"还有一个秘诀，我尽数奉告，请牢牢记住，将来就不至入那北拳南革的大劫数了。北拳以有鬼神为作用，南革以无鬼神为作用。说有鬼神，就可以装妖作怪，蛊惑乡愚，其志不过如此而已。若说无鬼神，其作用就很多了。第一条，说无鬼就可以不敬祖宗，为他家庭革命的根源；说无神则无阴谴、无天刑，一切违背天理的事都可以做得，又可以掀动破败子弟的兴头。他却必须住在租界或外国，以骋他反背国法的手段。必须痛诋人说有鬼神的，以骋他反背天理的手段。必须说叛臣贼子是豪杰、忠臣良吏为奴性，以骋他反背人情的手段。大都皆有辩才，以文其说。就如那妒妇破坏人家，他却也有一番堂堂正正的道理说出来，可知道家也却被他破了。南革诸君的议论也有惊采绝艳的处所，可知道世道却被他搅坏了。

"总之，这种乱党，其在上海、日本的容易辨别，其在北京及通都大邑的难以辨别。但牢牢记住：事事托鬼神便是北拳党人，力辟无鬼神的便是南革党人。若遇此等人，敬而远之，以免杀身之祸，要紧，要紧！”

申子平听得五体投地佩服，再要问时，听窗外晨鸡已经喔喔的啼了，玙姑道：“天可不早了，真要睡了。”遂道了一声“安置”，推开角门进去。黄龙子就在对面榻上取了几本书做枕头，身子一攲，已经齁声雷起。申子平把将才的话又细细的默记了两遍，方始睡卧。

欲知后事如何，且听下回分解。

这本书的谱系
Related Reading

《醒世姻缘传》
作者：西周生
朝代：清
叙述两世姻缘、轮回报应的故事。描写出封建社会中夫妻家庭生活的面貌，真实反映出市井百态。

《三言》
作者：冯梦龙（1574-1646）
朝代：明
为《喻世明言》《警世通言》《醒世恒言》的合称。作者搜集宋元明时代的话本整理、修改而成，书中的题材广泛，用通俗的语言写成，呈现出中下阶层百姓的生活面貌。

《二拍》
作者：凌濛初（1580-1644）
朝代：明
为《初刻拍案惊奇》和《二刻拍案惊奇》的合称。内容多取自古往今来的奇闻轶事，包括商人活动、婚姻爱情等。

《今古奇观》
作者：抱瓮老人（生平不详）
朝代：明
节选自《三言》《二拍》中的部分篇章，再加上一些文字的修改而成。

《镜花缘》
作者：李汝珍（约1763-1830）
朝代：清
描写武则天时代不得志的秀才唐敖乘船游历海外的故事，包括在“女儿国”、“君子国”的经历。内容兼具幻想和讽刺，透过落魄秀才的游历，来表达对现实的不满。

《儒林外史》
作者：吴敬梓（1701-1754）
朝代：清
书中真实描绘了清初时知识分子的生活，讽刺了科举制度下的腐朽黑暗和贪官污吏的卑鄙刻薄。

《二十年目睹之怪现状》

作者：吴沃尧（1866-1910）

朝代：清

全书以九死一生者为主角，描写此人二十年以来，在社会上所见识到的各种奇形怪事。

《孽海花》

作者：曾朴（1872-1935）

朝代：清

以名妓赛金花、状元洪钧为故事主轴，描写出清末三十年间的政治外交及社会的各种情态。书中有200多个人物，从最高统治者慈禧太后、光绪皇帝，到下层社会的妓女、小偷，直至德国的交际花，风靡一时，形成“赛金花热”。

《官场现形记》

作者：李伯元（1867-1906）

朝代：清

全书连缀许多官场中的的趣闻与笑话，以及种种贪污丑恶的故事而成，是本带有强烈讽刺意味的小说。书中可看出清末的败坏政治，及大小官吏的糊涂卑鄙，可算是一部官场丑态的总汇。

延伸的书、音乐、影像
Books, Audio & Videos

《老残游记》
作者：刘鹗；校注：陈翔鹤、戴鸿森
出版社：人民文学出版社，1998年
叙述江湖医生老残在旅游途中的见闻和经历，借其在各地的经历，抒发对当时社会的不满，反映出民生疾苦和国家政治的内忧外患。

《官场现形记》
作者：李伯元
出版社：上海古籍出版社，2005年
从中举捐官的下层士子写起，以及清政府的州府长史、省级藩台、钦差大臣以至军机、中堂等形形色色的官僚，揭露他们为升官而逢迎钻营，为近代中国腐朽丑陋的官场勾勒出了一幅历史画卷。

《二十年目睹之怪现状》（上、下册）
作者：吴沃尧
出版社：人民文学出版社，1998年
作品主要从官场吏治及家族生活两方面切入，描述了当时晚清社会的政治、经济和文化习俗方面的形象，也显露出腐朽制度带来的人性堕落和种种丑态。反映了中法战争到二十世纪初期中国官场、商场、以及洋场的无数怪现状。

《孽海花》
作者：曾朴
出版社：人民文学出版社，2006年
小说的主角以洪钧与赛金花为出发点，描写当时历史文化、政治社会的变迁，暴露出统治者的腐败，并且批判封建的科举制度。全书描写了200多个人物，从慈禧太后、光绪皇帝，到达官名流，到下层社会的妓女、小厮、小偷，甚至德国的交际场。

《儒林外史》
作者：吴敬梓
出版社：人民文学出版社，1997年
本书是一部以讽刺见长的长篇小说。作者用幽默诙谐的语言，把封建社会科举制度和腐朽黑暗、士人名流的庸俗可笑、贪官污吏的卑劣丑恶刻画得入木三分，揭露出封建末世的精神道德和文化教育的严重危机。

《老残游记》（全五册）
编绘：郭竞雄
出版社：河北美术出版社，2003年
《老残游记》是为清末四大谴责小说之一，百年来经久不衰，以漫画形式再现原著的风采。

《还魂香》

编剧：何冀平

导演：毛俊辉

演出：香港话剧团

取材自清末刘鹗的《老残游记》，撷取了原著的主线人物及情节，然后再加强人物性格、润饰细节和延伸主旨而成。导演毛俊辉以现代舞台表演语言演绎中国传统“传奇”，再搭配伦永亮的原创音乐，共同探索结合东西方戏剧艺术的路向。

《齐风鲁韵》

类型：戏曲

演出：台北曲艺团、济南市曲艺团

山东梨花大鼓历史悠久，刘鹗在《老残游记》一书中所描写的黑妞、白妞即是表演梨花大鼓。此剧邀请保存山东曲艺最完整的济南市曲艺团来台，与台北曲艺团同台联演。观众可以亲身体验刘鹗所描写的梨花大鼓究竟是什么样的表演形式，和文字叙述有何异同，重读《老残游记》也可以有一番不同体会。

图书在版编目（CIP）数据

帝国末日的山水画：老残游记/李欧梵著.—北京：文化艺术出版社，2010.4

ISBN 978-7-5039-4346-1

Ⅰ.①帝… Ⅱ.①李… Ⅲ.①章回小说-文学欣赏-中国-清代 Ⅳ.①I207.419

中国版本图书馆CIP数据核字（2010）第056166号

帝国末日的山水画：老残游记

原作者	刘 鹗
导读作者	李欧梵
故事绘图	谢祖华
总策划	郝明义
责任编辑	帅 克
特约策划	余 慧 张园雅
装帧设计	张士勇
图文制作	弘文馆·闫薇薇 任 翀
出版发行	文化艺术出版社
地 址	北京市朝阳区惠新北里甲1号 100029
网 址	www.whyscbs.com
电子邮箱	whysbooks@263.net
电 话	(010)64813345 64813346(总编室) (010)64813384 64813385(发行部)
经 销	新华书店
印 刷	北京佳信达欣艺术印刷有限公司
版 次	2010年4月第1版 2010年4月第1次印刷
开 本	720×960毫米 1/16
印 张	9
字 数	95千字
书 号	ISBN 978-7-5039-4346-1
定 价	23.00元

本书由台湾大块文化出版股份有限公司授权天津华文天下图书有限公司及文化艺术出版社独家在中国大陆地区出版简体字版，发行销售地区仅限中国大陆地区，不包含香港澳门地区。

感谢北京故宫博物院对本书之图片内容提供特别支持与协助。